잉글리쉬 마이갓으로
내신 영어 1등급

 +  = 

베이직	플러스	풀버전
단어	객관식 변형 (4회)	베이직
원문 + 해석	주관식 변형 (4회)	플러스
빈칸/순서/선택 (4회)	**8회독**	**17회독**
객관식 변형 (2회)		
주관식 변형 (3회)		
9회독		

변형 문제 더 보기

교과서	모의고사
 쏠북 - '마이갓' 검색 *PDF 형식	마이갓 마이갓 잉글리쉬 *PDF / HWP 형식	  보듬 책방 *실물 책

Composition | 베이직

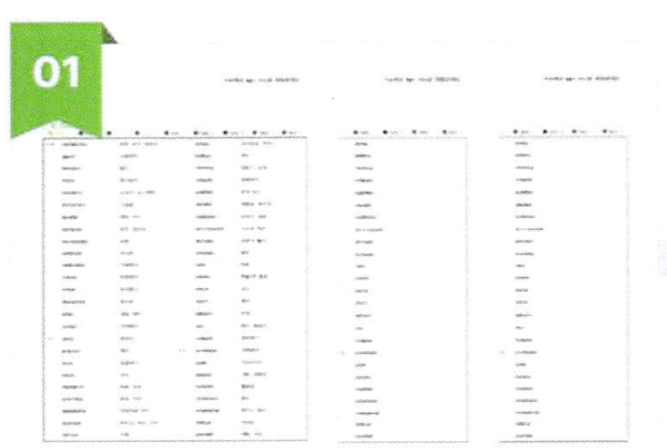

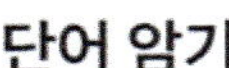

01

난이도 <하>   난이도 <중>

단어 암기

총 **3단계**를 거쳐 각 지문에 나오는 모든 단어들을 암기합니다.

본문 암기

해석본(한글)을 영어 지문과 함께 보며,
문장 구조와 내용을 파악합니다.

어법·어휘 2지 선다

두 개 보기 중 올바른 어법 또는 어휘를 고르는 문제입니다.

다른 난이도로 **2회 반복**하여 풀며 꼼꼼하게 학습합니다.

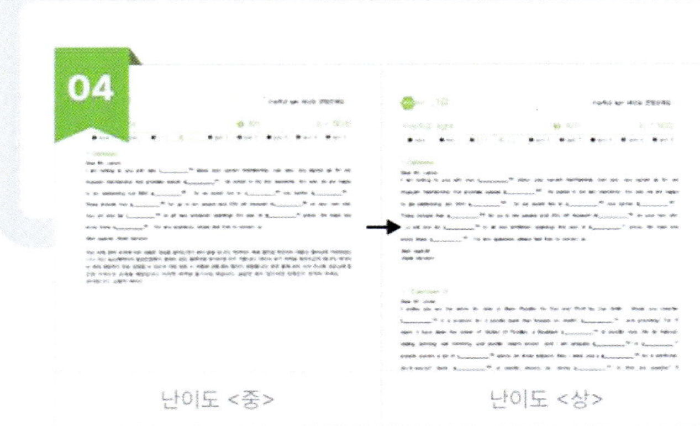

난이도 <중>   난이도 <상>

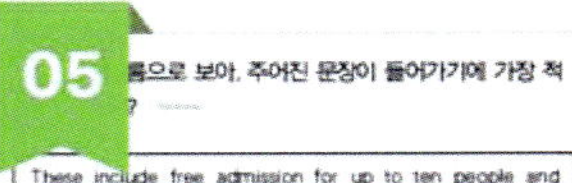

05

06

빈칸 완성

한글 해석을 보고 빈칸을 채우는 유형, **해석 없이 빈칸을 채우는** 유형.
단계별 2문제로 지문 암기의 빈틈을 없앱니다.

Quiz 1. 문장 삽입

주어진 문장을 글의 적절한 위치에 삽입하는 문제입니다.

글의 흐름, 연결어 사용, 문맥 이해 능력을 종합적으로 평가합니다.

Quiz 2. 순서 배열

뒤섞인 문장들을
올바른 순서로 배열하는 문제입니다.

글 전체 구조를 파악하며 심화문제로
넘어가기 위한 준비를 마칩니다.

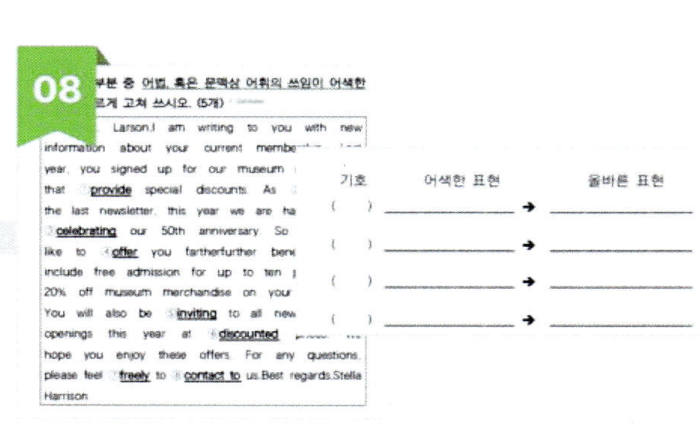

07   **08**   **09**

Quiz 3. 어법·어휘 다중 선택

문장 안에 표시된 밑줄 중 잘못된 어법이나 어휘를 모두 찾아내는 문제입니다.

8개~9개의 선지 중에서 어색한 부분을 찾아야 하기 때문에
내신 문제보다 난이도가 높습니다.

Quiz 4. 어법·어휘 수정

문장에서 어색한 표현을 **올바른 표현으로 고쳐 쓰는** 문제입니다.

1개의 지문에서 5개의 답을 찾으며 실력을 높입니다.

Quiz 5. 서술형 SET

서술형 3문제로 구성된 세트 문제입니다.

다양한 유형을 종합적으로 훈련하며,
실제 내신 시험 유형과 유사한 형태로 제작되었습니다.

25년 고1
6월 모의고사
마잉갓
Basic
연습과 실전 모두 잡는 내신대비 완벽
| workbook |

2025년 고1 모의고사

WORK BOOK

6月

2025 고1 6월 모의고사 내신대비용 WorkBook & 변형문제

Voca

| ❶ voca | ❷ text | ❸ [/] | ❹ _____ | ❺ quiz 1 | ❻ quiz 2 | ❼ quiz 3 | ❽ quiz 4 | ❾ quiz 5 |

18	owner	주인		wastebasket	휴지통
	coordinator	조정자, 진행자		chore	(하기 싫은) 집안일, 일상 업무
	goal	목표		procrastinate	미루다
	community	지역 사회		sheer	순전한
	park	공원	21	belief	믿음, 신념
	experience	경험		toothpaste	치약
	space	공간		thought	생각
	safety	안전		direction	방향
	bench	벤치, 긴 의자		psychologist	심리학자
	area	지역, 구역		socialize	교제하다, 어울리다
19	expectation	기대		favor	선호하다
	trip	여행		remarkable	주목할 만한, 놀라운
	museum	박물관		reverse	반대의
	counter	카운터, 창구		observe	(의견을) 말하다, 관찰하다
	employee	직원	22	vow	맹세, 서약
	passport	여권		behavioral	행동의, 행동과 관련된
	pocket	주머니		utterance	발화, 말한 내용
	plan	계획		eliminate	제거하다
	flight	항공편, 비행		attend	주의를 기울이다
	dream	꿈		attuned	조율된, 익숙한
20	convenience	편리함		respond	반응하다, 응답하다
	effort	노력	23	accumulate	축적하다
	decision	결정		individual	개인
	formation	형성		instance	사례, 예
	activity	활동		routine	일과, 규칙적인 습관

| | ❶ voca | ❷ text | ❸ [/] | ❹ ＿＿＿ | ❺ quiz 1 | ❻ quiz 2 | ❼ quiz 3 | ❽ quiz 4 | ❾ quiz 5 |

	humanity	인류			blinded	시력을 잃은			
	lack	부족, 결핍			creature	생물, 생명체			
	action	행동			evolutionary	진화의			
24	logical	논리적인			transfer	전학하다, 옮기다			
	objective	객관적인			recognize	인정하다, 표창하다			
	rational	이성적인			award	수여하다, 상을 주다			
	analysis	분석		29	flexible	유연한			
	judgment	판단			domain	영역, 분야			
	decision	결정			interconnected	서로 연결된			
	interpretation	해석			generalist	다방면에 아는 사람			
	reality	현실			coherent	일관된			
	infraction	위반, 위법 행위			framework	틀, 체계			
	biased	편향된			interrelationship	상호 관계			
25	graph	그래프, 도표			distinguish	구별하다			
	retail	소매(판매)			facilitate	가능하게 하다, 촉진하다			
	trade	거래, 무역			context	상황, 맥락			
	selected	선정된, 선택된		30	reasoning	추론, 사고 과정			
	record	기록하다			misconception	오해, 잘못된 생각			
	percentage	백분율			fallacy	오류			
	increase	증가			causal	인과적인			
	jump	급등, 큰 폭의 증가 (명사/동사 모두 가능)			co-occurrence	동시 발생			
	whereas	반면에			analysis	분석			
	share	점유율, 몫			misinterpret	오해하다, 잘못 해석하다			
26	childhood	어린 시절		31	environment	환경			
	partially	부분적으로			expectation	기대, 예상			

Voca

| ❶ voca | ❷ text | ❸ [/] | ❹ ____ | ❺ quiz 1 | ❻ quiz 2 | ❼ quiz 3 | ❽ quiz 4 | ❾ quiz 5 |

	illustrate	설명하다, 예시를 들어 보여주다		litter	(동물의) 한 배 새끼
	native	원주민, 토착민		approximately	대략, 거의
	detect	감지하다, 발견하다		reproduce	번식하다, 재생산하다
	subtle	미묘한, 감지하기 어려운	34	discovery	발견
	predator	포식자, 육식 동물		experimentally	실험을 통해, 실험적으로
	shelter	피난처, 임시 거처		hypothesis	가설
32	entrepreneur	기업가, 창업가		derive	끌어내다, 도출하다
	tremendous	엄청난		publish	출판하다, 발표하다
	launch	출시하다, 시작하다		inspection	검사, 검토
	overprice	지나치게 높은 가격을 매기다		reconsider	재고하다
	ownership	소유(권)		refute	반박하다
	perception	인식, 지각	35	folktale	민간설화
	attractive	매력적인		recall	기억해내다
	adoption	채택, 수용		unfamiliar	익숙하지 않은
	sacrifice	희생하다, 포기하다		random	무작위의
	volume	(판매)량		subject	실험 참가자
	maximize	극대화하다		conclude	결론짓다
33	species	종(種), 생물 종		schema (schemata)	스키마, 도식화된 지식 구조
	evolve	진화하다, 발전하다	36	historical	역사적인
	strategy	전략		civilization	문명
	invest	투자하다, 들이다		expand	확장하다
	mature	성숙하다		overextended	과도하게 확장된
	leisurely	느긋한, 천천히		collapse	붕괴하다
	devote	바치다, 헌신하다		era	시대
	offspring	자식, 새끼		archaeology	고고학

Voca

❶ voca　　❷ text　　❸ [/]　　❹ ＿＿＿　　❺ quiz 1　　❻ quiz 2　　❼ quiz 3　　❽ quiz 4　　❾ quiz 5

	archaeologist	고고학자		airway	기도 (공기가 지나는 통로)
	conquer	정복하다		passage	통로, 관
	oversimplification	지나치게 단순화된 설명		vital	생명 유지에 필수적인
37	pioneer	선구자		organ	(인체의) 장기
	concept	개념	40	bias	편향, 선입견
	persevere	인내하다, 끈기 있게 노력하다		automatic	자동적인
	underperform	기대 이하의 성과를 내다		response	응답, 반응
	praise	칭찬하다		converse	대화하다
	variable	변수, 변화 요인		indeed	실제로, 참으로
38	monitor	관찰하다, 감시하다		statement	진술, 말
	surroundings	주변 환경		cognitive	인지의, 인식력의
	specific	구체적인		miser	구두쇠 (→ cognitive miser: 인지적 구두쇠)
	emerge	나타나다, 드러나다		default	기본값, 자동 설정
	behavior	행동	41~42	alter	바꾸다, 변경하다
	examine	조사하다, 검토하다		calculus	계산 방식, 계산법
	navigate	(공간을) 이동하다, 길을 찾다		downside	불리한 면, 단점
	convenience	편의, 편리함		anesthetize	마취시키다
	abstract	추상적인		sealed-bid	봉인 입찰식의 (입찰 방식의 일종)
	sensation	느낌, 감각		auction	경매
39	reflex	반사작용, 반사		careless	부주의한, 경솔한
	marine	바다의, 해양의	43~45	retired	은퇴한
	mammal	포유류		interview	면접
	nerve	신경		panic	당황, 공황 상태
	trigger	유발하다		soaked	흠뻑 젖은
	region	부위, 영역		gesture	행위, 몸짓 (비유적) 친절한 행동

Voca

| ❶ voca | ❷ text | ❸ [/] | ❹ ＿＿ | ❺ quiz 1 | ❻ quiz 2 | ❼ quiz 3 | ❽ quiz 4 | ❾ quiz 5 |

inspired	영감을 받은
disaster	재난, 재해
impressed	감명을 받은, 인상 깊은
donate	기부하다
frame	액자에 넣다, 틀에 끼우다
stranger	낯선 사람

oca Test

❶ voca	❷ text	❸ [/]	❹ _____	❺ quiz 1	❻ quiz 2	❼ quiz 3	❽ quiz 4	❾ quiz 5

	voca				
18	owner			wastebasket	
	coordinator			chore	
	goal			procrastinate	
	community			sheer	
	park		21	belief	
	experience			toothpaste	
	space			thought	
	safety			direction	
	bench			psychologist	
	area			socialize	
19	expectation			favor	
	trip			remarkable	
	museum			reverse	
	counter			observe	
	employee		22	vow	
	passport			behavioral	
	pocket			utterance	
	plan			eliminate	
	flight			attend	
	dream			attuned	
20	convenience			respond	
	effort		23	accumulate	
	decision			individual	
	formation			instance	
	activity			routine	

Voca Test

❶ voca　　❷ text　　❸ [/]　　❹ _____　　❺ quiz 1　　❻ quiz 2　　❼ quiz 3　　❽ quiz 4　　❾ quiz 5

	humanity				blinded	
	lack				creature	
	action				evolutionary	
24	logical				transfer	
	objective				recognize	
	rational				award	
	analysis			29	flexible	
	judgment				domain	
	decision				interconnected	
	interpretation				generalist	
	reality				coherent	
	infraction				framework	
	biased				interrelationship	
25	graph				distinguish	
	retail				facilitate	
	trade				context	
	selected			30	reasoning	
	record				misconception	
	percentage				fallacy	
	increase				causal	
	jump				co-occurrence	
	whereas				analysis	
	share				misinterpret	
26	childhood			31	environment	
	partially				expectation	

Voca Test

❶ voca	❷ text	❸ [/]	❹ _____	❺ quiz 1	❻ quiz 2	❼ quiz 3	❽ quiz 4	❾ quiz 5

No.	voca		No.	voca
	illustrate			litter
	native			approximately
	detect			reproduce
	subtle		34	discovery
	predator			experimentally
	shelter			hypothesis
32	entrepreneur			derive
	tremendous			publish
	launch			inspection
	overprice			reconsider
	ownership			refute
	perception		35	folktale
	attractive			recall
	adoption			unfamiliar
	sacrifice			random
	volume			subject
	maximize			conclude
33	species			schema (schemata)
	evolve		36	historical
	strategy			civilization
	invest			expand
	mature			overextended
	leisurely			collapse
	devote			era
	offspring			archaeology

Voca Test

❶ voca	❷ text	❸ [/]	❹ ＿＿＿	❺ quiz 1	❻ quiz 2	❼ quiz 3	❽ quiz 4	❾ quiz 5

	archaeologist			airway
	conquer			passage
	oversimplification			vital
37	pioneer			organ
	concept		40	bias
	persevere			automatic
	underperform			response
	praise			converse
	variable			indeed
38	monitor			statement
	surroundings			cognitive
	specific			miser
	emerge			default
	behavior		41~42	alter
	examine			calculus
	navigate			downside
	convenience			anesthetize
	abstract			sealed-bid
	sensation			auction
39	reflex			careless
	marine		43~45	retired
	mammal			interview
	nerve			panic
	trigger			soaked
	region			gesture

Voca Test

❶ voca	❷ text	❸ [/]	❹ _____	❺ quiz 1	❻ quiz 2	❼ quiz 3	❽ quiz 4	❾ quiz 5
inspired								
disaster								
impressed								
donate								
frame								
stranger								

Voca Test

❶ voca　　❷ text　　❸ [/]　　❹ ＿＿＿＿　　❺ quiz 1　　❻ quiz 2　　❼ quiz 3　　❽ quiz 4　　❾ quiz 5

18	주인			휴지통	
	조정자, 진행자			(하기 싫은) 집안일, 일상 업무	
	목표			미루다	
	지역 사회			순전한	
	공원		21	믿음, 신념	
	경험			치약	
	공간			생각	
	안전			방향	
	벤치, 긴 의자			심리학자	
	지역, 구역			교제하다, 어울리다	
19	기대			선호하다	
	여행			주목할 만한, 놀라운	
	박물관			반대의	
	카운터, 창구			(의견을) 말하다, 관찰하다	
	직원		22	맹세, 서약	
	여권			행동의, 행동과 관련된	
	주머니			발화, 말한 내용	
	계획			제거하다	
	항공편, 비행			주의를 기울이다	
	꿈			조율된, 익숙한	
20	편리함			반응하다, 응답하다	
	노력		23	축적하다	
	결정			개인	
	형성			사례, 예	
	활동			일과, 규칙적인 습관	

Voca Test

❶ voca	❷ text	❸ [/]	❹ _____	❺ quiz 1	❻ quiz 2	❼ quiz 3	❽ quiz 4	❾ quiz 5

번호	뜻	번호	뜻
24	인류		시력을 잃은
	부족, 결핍		생물, 생명체
	행동		진화의
	논리적인		전학하다, 옮기다
	객관적인		인정하다, 표창하다
	이성적인		수여하다, 상을 주다
	분석	29	유연한
	판단		영역, 분야
	결정		서로 연결된
	해석		다방면에 아는 사람
	현실		일관된
	위반, 위법 행위		틀, 체계
	편향된		상호 관계
25	그래프, 도표		구별하다
	소매(판매)		가능하게 하다, 촉진하다
	거래, 무역		상황, 맥락
	선정된, 선택된	30	추론, 사고 과정
	기록하다		오해, 잘못된 생각
	백분율		오류
	증가		인과적인
	급등, 큰 폭의 증가 (명사/동사 모두 가능)		동시 발생
	반면에		분석
	점유율, 몫		오해하다, 잘못 해석하다
26	어린 시절	31	환경
	부분적으로		기대, 예상

Voca Test

❶ voca	❷ text	❸ [/]	❹ ____	❺ quiz 1	❻ quiz 2	❼ quiz 3	❽ quiz 4	❾ quiz 5

	설명하다, 예시를 들어 보여주다					(동물의) 한 배 새끼		
	원주민, 토착민					대략, 거의		
	감지하다, 발견하다					번식하다, 재생산하다		
	미묘한, 감지하기 어려운			34		발견		
	포식자, 육식 동물					실험을 통해, 실험적으로		
	피난처, 임시 거처					가설		
32	기업가, 창업가					끌어내다, 도출하다		
	엄청난					출판하다, 발표하다		
	출시하다, 시작하다					검사, 검토		
	지나치게 높은 가격을 매기다					재고하다		
	소유(권)					반박하다		
	인식, 지각			35		민간설화		
	매력적인					기억해내다		
	채택, 수용					익숙하지 않은		
	희생하다, 포기하다					무작위의		
	(판매)량					실험 참가자		
	극대화하다					결론짓다		
33	종(種), 생물 종					스키마, 도식화된 지식 구조		
	진화하다, 발전하다			36		역사적인		
	전략					문명		
	투자하다, 들이다					확장하다		
	성숙하다					과도하게 확장된		
	느긋한, 천천히					붕괴하다		
	바치다, 헌신하다					시대		
	자식, 새끼					고고학		

Voca Test

❶ voca	❷ text	❸ [/]	❹ ＿＿	❺ quiz 1	❻ quiz 2	❼ quiz 3	❽ quiz 4	❾ quiz 5

	고고학자				기도 (공기가 지나는 통로)
	정복하다				통로, 관
	지나치게 단순화된 설명				생명 유지에 필수적인
37	선구자				(인체의) 장기
	개념			40	편향, 선입견
	인내하다, 끈기 있게 노력하다				자동적인
	기대 이하의 성과를 내다				응답, 반응
	칭찬하다				대화하다
	변수, 변화 요인				실제로, 참으로
38	관찰하다, 감시하다				진술, 말
	주변 환경				인지의, 인식력의
	구체적인				구두쇠 (→ cognitive miser: 인지적 구두쇠)
	나타나다, 드러나다				기본값, 자동 설정
	행동			41~42	바꾸다, 변경하다
	조사하다, 검토하다				계산 방식, 계산법
	(공간을) 이동하다, 길을 찾다				불리한 면, 단점
	편의, 편리함				마취시키다
	추상적인				봉인 입찰식의 (입찰 방식의 일종)
	느낌, 감각				경매
39	반사작용, 반사				부주의한, 경솔한
	바다의, 해양의			43~45	은퇴한
	포유류				면접
	신경				당황, 공황 상태
	유발하다				흠뻑 젖은
	부위, 영역				행위, 몸짓 (비유적) 친절한 행동

Voca Test

❶ voca	❷ text	❸ [/]	❹ ____	❺ quiz 1	❻ quiz 2	❼ quiz 3	❽ quiz 4	❾ quiz 5
	영감을 받은							
	재난, 재해							
	감명을 받은, 인상 깊은							
	기부하다							
	액자에 넣다, 틀에 끼우다							
	낯선 사람							

2025 고1 6월 모의고사

❶ voca　　❷ text　　❸ [/]　　❹ _____　　❺ quiz 1　　❻ quiz 2　　❼ quiz 3　　❽ quiz 4　　❾ quiz 5

18 목적

❶ Dear Dog Owners,

My name is Lily Paxton, and I'm the town's Pet Program Coordinator.

친애하는 반려견 주인 여러분,
제 이름은 Lily Paxton이며, 저는 이 마을의 반려 동물 프로그램 코디네이터입니다.

❷ As part of our goal to make the community more dog-friendly, we recently opened a new dog park.

이 지역 사회를 더욱 반려견 친화적으로 만들기 위한 목표의 일환으로, 저희는 최근에 새로운 반려견 공원을 개장했습니다.

❸ The park was designed to provide an enjoyable experience for both dogs and owners.

이 공원은 반려견과 주인 모두에게 즐거운 경험을 제공하도록 설계되었습니다.

❹ There are big grassy areas where your dogs can run, jump, and play.

반려견들이 달리고, 점프하고, 놀 수 있는 넓은 잔디밭들이 있습니다.

❺ We have separate spaces for small dogs and big dogs, to ensure safety.

안전을 보장하기 위해, 저희는 소형견과 대형견을 위한 별도의 공간을 마련했습니다.

❻ You'll also find lots of benches and areas for resting and staying cool.

여러분들은 휴식을 취하고 시 원하게 머물 수 있는 벤치들과 공간들도 많이 찾을 수 있을 것입니다.

❼ We hope you will have a wonderful time with your dogs in this newly opened park.

저희는 새롭게 개장한 이 공원에서 여러분이 반려견과 함께 멋진 시간을 보내시길 바랍니다.

Regards, Lily Paxton, Pet Program Coordinator
Lily Paxton, 반려동물 프로그램 코디네이터 드림

19 심경

❶ Maya waited in line to check in for her flight.

Maya는 비행기 탑승 수속을 위해 줄을 서서 기다리고 있었다.

❷ Her expectations about her European backpacking trip were really high.

유럽 배낭여행에 대한 그녀의 기대는 아주 높았다.

❸ She had been looking forward to the trip for a year.

그녀는 일 년 동안 이 여행을 손꼽아 기다려 왔다.

❹ She couldn't wait to visit museums in Madrid and see the Eiffel Tower at night in Paris.

그녀는 빨리 Madrid의 박물관들을 방문하고 Paris에서 밤에 Eiffel Tower를 보고 싶었다.

❺ As she stood in line, she could feel those experiences were finally so close.

줄을 서 있는 동안, 그녀는 그 경험들이 마침내 정말 가까워졌다고 느꼈다.

❻ When she approached the counter, the airline employee asked to see her passport.

그녀가 카운터에 다가갔을 때, 항공사 직원이 그녀의 여권을 보자고 요청했다.

❼ Maya reached into her pocket but felt nothing.

Maya는 주머니에 손을 넣었지만 아무것도 만져지지 않았다.

❽ She realized she had left her passport at home.

그녀는 여권을 집에 두고 온 것을 깨달았다.

❾ Her plans were ruined.

그녀의 계획은 망쳐졌다.

❿ She was heartbroken, knowing she could not board the flight and had to delay her dream trip.

그녀는 비행기에 탑승할 수 없고 꿈꿔왔던 여 행을 연기해야 한다는 것을 깨달으며, 상심했다.

20 요지

❶ People often ask me, "What surprises you most about habits?".
사람들은 종종 나에게, "습관에 관한 무엇이 당신을 가장 놀라게 하나요?"라고 묻는다.

❷ One thing that continually astonishes me is the degree to which we're influenced by sheer convenience.
나를 계속해서 놀라 게 하는 한 가지는 우리가 순전한 편리성에 의해 영향을 받는 정도이다.

❸ The amount of effort, time, or decision making required by an action has a huge influence on habit formation.
행동에 의해 요구되는 노력, 시간, 또는 의사결정의 양이 습관 형성에 큰 영향을 미친다.

❹ To a truly remarkable extent, we're more likely to do something if it's convenient, and less likely if it's not.
정말 놀라울 정도로, 우리는 어떤 일이 편리하다면 그것을 더 자주 할 것이고, 그렇지 않다면 덜 하게 될 것이다.

❺ For this reason, we should pay close attention to the convenience of any activity we want to make into a habit.
이런 이유로, 우리는 습관으로 만들고 싶은 행동의 편리성에 세심한 주의를 기울여야 한다.

❻ Putting a wastebasket next to our front door made mail sorting slightly more convenient, and I stopped procrastinating with this chore.
현관문 옆에 쓰레기통을 두는 것이 우편물을 분류하는 일을 약간 더 편리하게 했고, 나는 이 일을 미루는 것을 멈추었다.

❼ Many people report that they do a much better job of staying close to distant family members now that tools like group chats make it easy to stay in touch.
많은 사람들은 그룹 채팅 같은 도구들이 연락을 유지하는 것을 쉽게 만들어 주기 때문에 멀리 사는 가족들과 더 가까이 지내는 일을 훨씬 더 잘한다고 말한다.

21 주장

❶ It is common sense that people's inner beliefs may drive their external behavior.
사람들의 내적 신념이 그들의 외적인 행동을 이끌 수 있다는 것은 상식이다.

❷ If you're attracted to a certain person, you should be more likely to socialize with that person.
만약 당신이 어떤 사람에게 끌린다면, 당신은 그 사람과 더 어울리려고 할 것이다.

❸ If you favor a brand of toothpaste, you're more likely to buy it.
만 약 당신이 한 브랜드의 치약을 선호한다면, 당신이 그것을 구매할 가능성은 더 높다.

❹ Of course, our internal thoughts don't always predict our public behavior, but, overall, what we do obviously reflects what we think.
물론, 우리의 내적 사고 가 항상 공개적인 행동을 예측하지는 않지만, 전반적으로, 우리가 하는 것은 분명히 우리가 생각하는 바를 반영한다.

❺ But beliefs and behaviors are also related in a more remarkable way.
그러나 신념과 행동은 이보다 더 놀라운 방식으로도 관련이 있다.

❻ It turns out that the arrow is as likely to point in the reverse direction.
화살이 반대 방향을 가리킬 가능성이 그만큼 높다는 것이 드러난다.

❼ As social psychologist David Myers observes, "If social psychology has taught us anything during the last 25 years, it is that we are likely not only to think ourselves into a way of acting but also to act ourselves into a way of thinking."
사회 심리학자 David Myers가 말한 바에 따르면, "지난 25년간 사회 심리학이 우리에게 가르쳐준 것이 있다면, 그것은 우리가 생각하여 행동 방식에 이를 뿐만 아니라 우리가 행동하여 사고 방식에 이를 가능성도 있다는 것이다."

22 의미

❶ Imagine following the spirit of a silence vow into daily life.
일상생활에서 침묵 서약의 정신을 따르는 것을 상상해 보라.

❷ Challenge yourself to spend an entire day saying only what you absolutely must say.
반드시 말해야 할 것만 말하는 데 하루 온종일을 보내는 것에 스스로 도전해 보라.

❸ It's been widely observed by behavioral psychology experts —and anyone who's ever been on a first date—that we too often tend to treat "conversation" as a game of waiting for our own turn to speak.
우리가 너무나 자주 "대화"를 자신이 말할 차례를 기다리는 게임처럼 여기는 경향이 있다는 것이 행동 심리학 전문가들 ― 그리고 첫 데이트를 해 본 적이 있는 누구든지 ― 에 의해 널리 관찰되어 왔다.

❹ We miss what's being said because we're mentally rehearsing our next utterance.
우리는 다음 발언을 머릿속으로 연습하느라 말해지고 있는 것을 놓친다.

❺ What if you could eliminate the idea that the next available minisilence is your next opening to express whatever is in your head?
만약 당신이 그 다음에 오는 작은 침묵이 당신의 머릿속에 있는 무엇이든지를 표현할 그 다음 시작이라는 생각을 없앨 수 있다면 어떨까?

❻ What if you were limited to, say, fifty spoken words tomorrow?
내일 당신이 말을, 이를테면, 50단어로 제한받는다면 어떨까?

❼ I think you'd listen quite differently. You'd attend quite carefully to every word you heard.
나는 당신이 매우 다르게 듣게 될 것이라고 생각한다. 당신은 당신이 듣는 모든 단어에 매우 신중히 귀를 기울이게 될 것이다.

❽ You'd be attuned to what you must respond to. You might discover that the less you say, the more you hear.
당신이 반드시 응답해야 할 것에 맞춰질 것이다. 당신은 말을 줄일수록, 더 많이 듣게 된다는 것을 발견할지도 모른다.

23 주제

❶ Science is concerned with accumulating and understanding observations of the physical world.

과학은 물리적 세계에 대한 관찰을 축적하고 이해하는 것과 관련이 있다.

❷ That understanding alone solves no problems.

그 이해 단독으로는 어떠한 문제도 해결하지 않는다.

❸ Individual people have to act on that understanding for it to help solve problems.

개개인은 그것이 문제를 해결하는 것을 돕기 위해 그 이해를 행동으로 옮겨야 한다.

❹ For instance, science has found that regular exercise can lower your risk of heart disease.

예를 들어, 과학은 규칙적인 운동이 심장병의 위험을 낮출 수 있다는 것을 발견했다.

❺ Knowing this fact is interesting, but it will do nothing for your personal health unless you act on it and actually exercise.

이러한 사실을 아는 것은 흥미롭지만, 당신이 이를 행동으로 옮겨 실제로 운동하지 않는다면 그것은 당신의 개인 건강에 아무런 도움이 되지 않는다.

❻ And that's the hard part. Reading an article about exercise is easy. Getting into an actual routine of regular exercise is harder.

그리고 바로 이 점이 어려운 부분이다. 운동에 대한 기사를 읽는 것은 쉽다. 규칙적인 운동의 실제적인 루틴을 형성하는 것은 더 어렵다.

❼ In this sense, science really solves no problems at all. Problems are only solved when people take the knowledge provided by science and use it.

이러한 점에서, 과학은 사실 어떤 문제도 해결하지 않는다. 문제는 사람들이 과학에 의해 제공된 지식을 취하고 그것을 사용할 때만 해결된다.

❽ In fact, many of humanity's biggest problems are caused by lack of action, and not lack of knowledge.

실제로, 인류의 가장 큰 문제들 중 다수는 지식의 부족이 아니라, 행동의 부족에 의해 야기된다.

24 주제

❶ We think we're being logical, objective, and rational —and therefore accurate in our analysis, judgment, and decisions.
우리는 우리가 논리적이고 객관적이며 합리적이고 — 그러므로 분석, 판단, 그리고 결정에 있어서 정확하다고 생각한다.

❷ So we think that if other people are logical, objective, and rational, they will agree with us and see what we see.
따라서 우리는 다른 사람들이 논리적이고 객관적이며 합리적이라면, 그들이 우리에게 동의하고 우리가 보는 것을 볼 것이라고 생각한다.

❸ But the opposite is the case.
하지만 그 반대가 사실이다.

❹ Every human brain is different. Everyone's life experience is different. Everyone's desires and knowledge are different.
모든 사람의 뇌는 다르다. 모두의 인생 경험은 다르다. 모두의 욕망과 지식은 다르다.

❺ You might think you're being realistic — that is, that your ideas match reality, but that's impossible.
당신은 당신이 현실적이라고 — 즉, 당신의 생각이 현실과 일치한다고 생각할 수 있지만, 그것은 불가능하다.

❻ It's only your interpretation of reality, which will always be different from someone else's.
그것은 현실에 대한 당신의 해석일 뿐이며, 다른 사람의 것과 항상 다를 것이다.

❼ When two nations play each other in the World Cup, the fans of each country criticize the referees for missing all the infractions that the other team commits.
World Cup에서 두 나라가 서로 경기를 할 때, 각 나라의 팬들은 상대 팀이 저지르는 모든 반칙을 놓친 것에 대해 심판들을 비난한다.

❽ Without fail, each fan base believes that the referees are biased against their team.
어김없이, 각 팬층은 심판이 자기 팀에 불리하게 편파적이라고 믿는다.

25 도표

❶ The graph above shows the online share of retail trade in selected European countries in 2018 and 2019.

위 그래프는 선정된 유럽 국가들에서 2018년과 2019 년에 소매 거래에서의 온라인 점유율을 보여준다.

❷ In 2019, the United Kingdom recorded the highest online share of retail trade, reaching 19.2 percent.

2019 년에, 영국은 19.2퍼센트에 달하며, 소매 거래에서 가장 높은 온라인 점유율을 기록하였다.

❸ The Netherlands showed the largest increase in its online share of retail trade among the countries from 2018 to 2019, with a jump of over 6 percentage points.

네덜란드는 2018년부터 2019년까지 소매 거래에서의 온라인 점유율이 6퍼센트포인트 넘게 증가하여, 국가들 중 가장 큰 증가를 보였다.

❹ In 2018, Germany had a higher online share of retail trade than the Netherlands, whereas, in 2019, Germany fell behind the Netherlands.

2018년에는, 독일은 네덜란드보다 소매 거래에서 더 높은 온라인 점유율을 가졌으나, 2019년에는, 독일은 네덜란드에 뒤처졌다.

❺ In 2018, Germany's online share of retail trade was over three times higher than that of Spain.

2018년에, 독일의 소매 거래에서의 온라인 점유율은 스페인의 그것보다 세 배 넘게 높았다.

❻ Among the five countries, Italy recorded the lowest online share of retail trade in both 2018 and 2019.

다섯 국가들 중, 이탈리아는 2018년과 2019년 모두 소매 거래에서 가장 낮은 온라인 점유율을 기록하였다.

26 일치

❶ Edward O. Wilson was born in Birmingham, Alabama, in 1929.

Edward O. Wilson은 1929년 Alabama주 Birmingham에서 태어났다.

❷ In his early childhood, he became interested in nature and spent much time in the outdoors.

어린 시절에, 그는 자연에 관심을 갖게 되었고 야외에서 많은 시간을 보냈다.

❸ At age seven, he was partially blinded in a fishing accident; his reduced sight led Wilson to the study of ants.

7살 때, 그는 낚시 사고로 부분적으로 실명했고; 그의 좁아진 시야는 Wilson을 개미 연구로 이끌었다.

❹ He could not observe larger animals from a distance.

그는 멀리서 더 큰 동물을 관찰할 수 없었다.

❺ Instead, he concentrated on smaller creatures he could study up close.

대신, 그는 가까이에서 연구할 수 있는 더 작은 생물에 집중했다.

❻ After studying evolutionary biology at the University of Alabama, Wilson transferred to Harvard University, where he became a professor in 1956.

Alabama 대학에서 진화 생물학을 공부한 후, Wilson은 Harvard 대학으로 옮겼고, 그곳에서 1956년에 교수가 되었다.

❼ He never received a Nobel Prize—the prize didn't recognize research in the field of evolutionary biology.

그는 Nobel Prize를 받지 못했다 ─ 그 상은 진화생물학 분야의 연구를 인정하지 않았다.

❽ However, he was awarded the Crafoord Prize in 1990.

그러나, 그는 1990년에 Crafoord Prize를 수상하였다.

❾ Wilson, known to some as the "modern-day Darwin", died at the age of 92 in Massachusetts.

몇몇에게 "현대의 Darwin"으로 알려진 Wilson은 Massachusetts에서 92세에 사망했다.

29 어법

❶ Studies of experts provide insight into what it means to have deep and flexible understanding.
전문가에 대한 연구는 깊고 유연한 이해를 가지는 것이 무엇을 의미하는지에 대한 통찰을 제공한다.

❷ Experts in a particular domain are people who have deep, richly interconnected ideas about the world.
특정 분야의 전문가는 세상에 대해 깊고 풍부하게 상호 연결된 생각을 가진 사람들이다.

❸ They are not just good thinkers or people who are exceptionally smart.
그들은 단순히 생각을 잘 하는 사람이거나 유난히 똑똑한 사람이 아니다.

❹ Rather, experts have knowledge in a specific domain—such as chess, chemistry, or tennis —and are not generalists.
오히려, 전문가는 특정 분야 ― 체스, 화학, 또는 테니스와 같은 ― 에서 지식을 가지고 있고, 다방면의 지식을 가진 사람이 아니다.

❺ However, experts do not just know "a bunch of facts."
그러나, 전문가는 "많은 사실"을 알기만 하는 것은 아니다.

❻ In fact, having expertise in a topic means that knowledge is organized into coherent frameworks, and the expert understands the interrelationship between facts and can distinguish which ideas are most central.
사실, 한 주제에 대한 전문성이 있다 는 것은 지식이 일관된 틀로 조직화되어 있고, 전문가가 사실 간의 상호 관계를 이해하고 어떤 아이디어가 가장 핵심적인지 구분할 수 있다는 것을 의미한다.

❼ This kind of deep but organized understanding allows for greater flexibility in learning and facilitates application across multiple contexts.
이러한 깊이 있으면서도 조직화된 이해는 학습에서의 더 큰 유연성을 가능하게 하고 다양한 맥락에 걸쳐 적용을 촉진한다.

30 어휘

❶ It is natural for people to observe happenings and then seek explanations for why those happenings occurred.

사람들이 사건들을 관찰하고 나서 왜 그런 사건들이 일어났는지에 대한 설명을 찾는 것은 당연하다.

❷ But sometimes the reasoning is wrong because of one or more misconceptions.

그러나 때로는 하나 또는 그 이상의 오해로 인해 추론이 잘못된다.

❸ One of these is the ecological fallacy, where an argument claims that there is a causal relationship between two things merely because they occur together.

그 중 하나는 생태학적 오류로, 여기서 논지는 두 가지가 함께 발생한다는 이유만으로 두 가지 사이에 인과 관계가 있다는 것이다.

❹ For example, in the 1950s it was found that crime rates were the highest in neighborhoods where immigrants were most numerous.

예를 들어, 1950년대에 범죄율이 이민자가 가장 많은 지역에서 가장 높다는 것이 밝혀졌다.

❺ Some people used this "co-occurrence" to argue that immigrants were a cause of crime.

일부 사람들은 이민자들이 범죄의 원인이라고 주장하기 위해서 이러한 "동시 발생"을 이용했다.

❻ But a careful analysis of this situation revealed that immigrants were forced to live in neighborhoods where crime rates were already high ; they could not afford more expensive housing in safer neighborhoods.

그러나 이 상황에 대한 면밀한 분석은 이민자들이 이미 범죄율이 높은 지역에 거주할 수밖에 없었다는 것을 밝혀냈다; 그들은 보다 안전한 지역의 더 비싼 주택을 살 여력이 없었다.

❼ Immigrants themselves committed very few of the crimes.

이민자 자신들은 범죄를 거의 저지르지 않았다.

❽ Unless you analyze the claim carefully, you would misinterpret the relationship and thereby construct a faulty belief.

그 주장을 주의 깊게 분석하지 않으면, 당신은 그 관계를 잘못 해석하여 잘못된 믿음을 형성할 수 있다.

31 빈칸

❶ In everyday life, we use previous experience to predict where we should pay attention.
일상생활에서, 우리는 어디에 집중해야 할지를 예측하기 위해 이전 경험을 사용한다.

❷ Different environments create different expectations.
다른 환경은 다른 기대를 만든다.

❸ This was profoundly illustrated by the scientist Jared Diamond in his book Guns, Germs, and Steel.
이것은 과학자 Jared Diamond에 의해 그의 저서인 Guns, Germs, and Steel에서 깊이 있게 설명되었다.

❹ He describes an adventure wandering through the New Guinea jungle with native New Guineans.
그는 New Guinea 정글을 New Guinea 원주민들과 함께 돌아다닌 모험을 묘사한다.

❺ He relates that these natives tend to perform poorly at tasks Westerners have been trained to do since childhood.
그는 서구인들 이 어린 시절부터 훈련받아 온 과업을 이 원주민들이 잘 수행하지 못하는 경향이 있다고 말한다.

❻ But they are hardly stupid. They can detect the most subtle changes in the jungle, good for following the tracks of a predator or for finding the way back home.
하지만 그들이 멍청한 것은 아니다. 그들은 정글에서 가장 미묘한 변화를 감지할 수 있는데, 이는 포식자의 흔적을 추적하거나 집으로 돌아오는 길을 찾는 데 유용하다.

❼ They know which insects to leave alone, know where food exists, can build and tear down shelters with ease.
그 들은 어느 곤충을 내버려 두어야 할지 알며, 어디에 음식이 있는지 알고, 피난처를 쉽게 만들고 철거할 수 있다.

❽ Diamond, who had never spent time in such places, has no ability to pay attention to these things.
그러한 장소에서 시간을 보내본 적이 없는 Diamond는 이러한 것들에 주의를 기울일 수 있는 능력이 없다.

❾ Were he to be tested on such tasks, he also would perform poorly.
그가 그런 과업들에 대해 시험을 본다면, 그 역시 잘하지 못할 것이다.

32 빈칸

❶ Most entrepreneurs put in tremendous amounts of time and effort in creating and launching new products and services and then make the mistake of overpricing them.

대부분의 기업가들은 새로운 제품과 서비스를 만들고 출시하는 데 엄청난 시간과 노력을 들이며, 그런 다음 그것들의 가격을 너무 비싸게 책정하는 실수를 저지른다.

❷ They have created something they care deeply about, it's theirs, and this powerful sense of ownership distorts their perception of value which causes them to overprice their products.

그들은 자신이 매우 소중히 여기는 무언가를 만들었고, 그것은 그들의 것이며, 이 강한 소유감은 가치에 대한 그들의 인식을 왜곡시켜 그들의 제품 가격을 너무 높게 책정하게 만든다.

❸ While many of them are quick to realize that their initial prices are too high, not all these people are happy or willing to drop their prices to make their products more attractive.

그들 중에 많은 이들은 그들의 초기 가격이 너무 높다는 것을 빠르게 깨닫기는 하지만, 이 모든 사람들이 그들의 제품을 더 매력적으로 만들기 위해 가격을 낮추는 것을 좋아하거나 내켜하지는 않는다.

❹ And this can be a very costly mistake that may lead to the failure of their new business.

그리고 이것은 그들의 새로운 사업의 실패를 초래할 수 있는 손해가 매우 큰 실수가 될 수 있다.

❺ When you launch a new product or service, your priority should be to get sufficient market adoption as soon as possible and you should be ready to sacrifice your initial prices and profits to achieve this aim.

새로운 제품이나 서비스를 출시할 때, 당신의 우선순위는 가능한 빨리 충분한 시장 점유를 확보하는 것이어야 하며, 당신이 이 목표를 달성하기 위해서는 당신의 초기 가격과 수익을 희생할 준비가 되어 있어야 한다.

❻ Once you have strong sales volumes, you can increase your prices to maximize your profits.

일단 당신이 높은 판매량을 확보하게 되면, 당신은 수익을 극대화하기 위해 가격을 인상할 수 있다.

33 빈칸

❶ In most respects, humans are one of a relatively small number of species that evolved a very different strategy of investing more energy to reproduce more slowly.

대부분의 측면에서, 인간은 더 많은 에너지를 투자하여 더 천천히 번식하는 매우 다른 전략을 진화시킨 비교적 소수의 종들 중 하나이다.

❷ Like apes and elephants, we mature at a leisurely pace, grow large bodies, and have few babies but devote much time and energy to raising them well.

유인원과 코끼리와 마찬가지로, 우리는 천천히 성숙하고, 몸집을 크게 키우며, 새끼들을 적게 낳지만 그들을 잘 키우는 데 많은 시간과 에너지를 투자한다.

❸ This unusual strategy succeeds because while apes and elephants produce fewer babies than mice, a larger percentage of their offspring survive to then reproduce.

유인원과 코끼리는 생쥐보다 더 적은 수의 새끼를 낳지만, 그들의 새끼 중 더 높은 비율이 살아남아서 번식하기 때문에 이 특이한 전략은 성공한다.

❹ A house mouse can become a mother when she is just five weeks old, has four to ten pups per litter, and can have a new litter every two months over the course of her approximately twelvemonth life.

생쥐는 생후 5주 만에 어미가 될 수 있으며, 한 배에서 4마리에서 10마리의 새끼를 낳고, 약 12개월의 생애 동안 2개월마다 새로운 새끼들을 낳을 수 있다.

❺ However, the vast majority of her pups die young.

그러나, 그의 새끼 대부분은 어릴 때 죽는다.

❻ In contrast, a chimp or elephant mother does not reproduce until she is at least twelve years old, and she gives birth to only one infant every five or six years over the next thirty or so years.

반면, 침팬지나 코끼리 어미는 최소 12살이 될 때까지 번식을 하지 않으며, 이후 30년 정도에 걸쳐 5년 또는 6년마다 단 한 마리의 새끼만 낳는다.

❼ About half of these offspring make it to becoming parents.

이러한 새끼 중 절반 정도가 부모가 되는 데 성공한다.

34 빈칸

❶ When scientists make an important new discovery or experimentally prove some hypothesis, they do not, in general, keep that information to themselves so that they alone can consider its meaning and derive additional theories from it.

과학자들은 중요한 새로운 발견을 하거나 실험적으로 어떤 가설을 증명할 때, 일반적으로, 그들은 그것의 의 미를 혼자서 고려하고 그것으로부터 추가적인 이론을 도출할 수 있도록 그 정보를 자기만 가지고 있지 않는다.

❷ Instead, they publish their results and make their data available for inspection.

대신에, 그들은 자신의 결과를 발표하고 그들의 데이터가 점검 가능하도록 한다.

❸ This makes it possible for other scientists to reconsider their data and possibly refute their conclusions.

이것은 다른 과학자들이 그들의 데이터를 재고하게 하고 어쩌면 그들의 결론을 반박하는 것을 가능하게 한다.

❹ More important, though, it makes it possible for other scientists to use that data to construct new hypotheses and perform new experiments.

하지만, 더 중요한 것은 이것이 다른 과학자들이 새로운 가설들을 세우고 새로운 실험들을 수행하기 위하여 그 데이터를 사용하는 것을 가능하도록 한다는 것이다.

❺ The assumption is that society as a whole will end up knowing more if information is spread as widely as possible, rather than being limited to a few people.

가정은 만약 정보가 소수의 사람들에게 제한되기보다 가능한 한 널리 확산되면 결국 사회 전체가 더 많은 것을 알게 될 것이라는 것이다.

❻ In a strict sense, every scientist depends on the work of other scientists.

엄밀한 의미에서, 모든 과학자는 다른 과학자들의 연구에 의존한다.

35 무관

❶ In the 1930s, the British psychologist Sir Frederic Bartlett asked people to listen to folktales from other countries and then recall these stories at a later date.

1930년대에, 영국의 심리학자 Frederic Bartlett 경은 사람들에게 다른 나라의 민간 설화를 듣고 난 다음 나중에 이 이야기들을 기억해 내도록 요청했다.

❷ As you might guess, unfamiliar stories were not remembered as well as familiar stories.

당신이 아마 추측할 수 있듯이, 낯선 이야기는 익숙한 이야기만큼 잘 기억되지 않았다.

❸ Surprisingly, however, errors in memory were not random.

그러나 놀랍게도 기억의 오류들은 무작위적인 것이 아니었다.

❹ Rather, subjects often rewrote similar parts of the stories in their own minds—particularly the parts that made the least sense to them.

오히려 피험자들은 자신의 마음 속에서 이야기의 비슷한 부분 ─ 특히 그들에게 가장 이해가 되지 않는 부분을 종종 다시 썼다.

❺ Bartlett concluded that when facing problems, humans draw upon mental schemata, or shelves of stored knowledge in our brains, to fill in any minor gaps in our memories.

Bartlett은 문제에 직면할 때, 인간은 우리 기억의 사소한 틈을 메우기 위해 정신적 스키마타, 즉 뇌에 저장된 지식의 선반을 활용한다는 결론을 내렸다.

❻ Therefore, remembering is an imaginative process that involves building upon past experiences.

따라서, 기억하는 것은 과거의 경험을 기반으로 하는 것을 포함하는 상상의 과정이다.

36 순서

❶ History, people often say, repeats itself.
역사는, 사람들이 종종 말하길, 그 자체를 반복한다.

❷ And looking at the historical records of the ancient civilizations, some things do seem to happen again and again.
그리고 고대 문명의 역사적 기록들을 보면, 몇 가지 일들이 정말로 반복해서 일어나는 것처럼 보인다.

❸ Civilizations expand, get overextended, and then collapse as in the cases of Rome, which went under in 476 AD, and the British Empire, which fell apart more than a thousand years later in the post-World War II era.
문명은 서기 476년에 멸망한 로마의 경우와, 천 년 이상 지난 후 제2차 세계 대전 이후에 해체된 대영제국의 사례에서처럼 확장하고, 과도하게 확장되다가, 결국 붕괴한다.

❹ But is this always the case?
하지만 이것이 항상 그런가?

❺ If so, archaeology would be pretty boring; one thing would happen again and again.
만약 그렇다면, 고고학은 꽤 지루할 것이다; 한 가지 일이 반복해서 일어날테니 말이다.

❻ But that's not what archaeologists see.
하지만 그것은 고고학자들이 보는 것이 아니다.

❼ Some civilizations end suddenly, like the Aztec and Inca, conquered by invaders in the 1520s AD.
어떤 문명들은, 서기 1520년대에 침략자들에 의해 정복된 Aztec과 Inca처럼 갑작스럽게 끝난다.

❽ Those empires never had the chance to collapse as a result of overexpansion.
그러한 제국들은 과도한 확장의 결과로 붕괴할 기회조차 없었다.

❾ So in the case of civilizations, "history repeats itself" seems to be an oversimplification.
그래서 문명의 경우에, "역사는 그 자체를 반복한다"라는 말은 지나친 단순화로 보인다.

37 순서

❶ Stanford psychology professor Dr. Carol Dweck is the internationally recognized pioneer of the concept of "growth mindset" as a way to continually grow, learn, and persevere in our efforts.

Stanford 심리학 교수인 Carol Dweck 박사는 우리의 노력에서 지속적으로 성장하고, 배우며, 인내할 수 있는 방법인 "성장 사고방식" 개념으로 국제적으로 인정받는 선구자이다.

❷ Dweck found that kids who are told they're "smart" actually underperform in future tasks, by choosing easier tasks to avoid evidence that they are not smart, which Dweck calls having a "fixed mindset."

Dweck은 "똑똑하다"라는 말을 듣는 아이들은 그들이 똑똑하지 않다는 증거를 피하기 위해 더 쉬운 과제를 선택함으로써 실제로 미래 과제에서 기대에 못 미치는 성과를 낸다는 것을 발견했는데, Dweck은 이를 "고정 사고방식"을 가진 것으로 부른다.

❸ In contrast, Dweck found, kids who are praised not for their smarts but for their effort develop what Dweck calls a "growth mindset."

반대로, Dweck은 똑똑함이 아닌 노력에 대해 칭찬 받는 아이들은 Dweck이 "성장 사고방식"이라 부르는 것을 발달시킨다는 것을 발견했다.

❹ They learn that their effort is what led to their success, and if they continue to try, over time they'll improve and achieve more things.

그들은 그들의 노력이 성공으로 이르게 한 것임을 배우고, 그들이 계속해서 노력한다면, 시간이 지나면서 발전하고 더 많은 것을 성취하게 될 것이다.

❺ These kids end up taking on tougher things, and feel better about themselves. "Emphasizing effort gives a child a variable that they can control," Dweck has explained.

이 아이들은 결국 더 힘든 일을 받아들이고, 스스로에 대해 더 좋은 느낌을 갖게 된다. "노력을 강조하는 것은 아이에게 그들이 통제할 수 있는 변수를 제공한다."라고 Dweck은 설명했다.

38 삽입

❶ To monitor our surroundings is to focus on what's outside of ourselves: what we see, hear, smell, feel, and perhaps even taste.

우리 주변을 살피는 것은 우리 자신 바깥에 있는 것 에 집중하는 것이다: 우리가 보고, 듣고, 냄새 맡고, 느끼고, 어쩌면 맛보기도 하는 것.

❷ But sometimes what really marks a place is something less specific —a feeling within us.

그러나 때로는 어떤 장소를 진정으로 특징짓는 것은 덜 구체적인 것 — 우리 안에 있는 감정이다.

❸ An interesting example emerged from a study of subway passenger behavior.

흥미로운 예가 지하철 승객 행동 에 관한 연구에서 나왔다.

❹ Researchers trying to understand why people sit where they sit or stand where they stand in subway and metro trains examined the factors that shape the way riders used and navigated that space in different situations.

지하철이나 전철에서 왜 사람들이 그들이 앉는 곳에 앉거나 그들이 서는 곳에 서는지를 이해하려고 노력하는 연구자들은 다양한 상황에 서 승객들이 그 공간을 사용하고 탐색하는 방식을 형성하는 요인들을 조사했다.

❺ One of their findings involved the reasons many riders like to plant themselves close to the train's doors.

연구 결과 중 하나는 많은 승객들이 기차의 문 근처에 자리 잡기를 좋아하는 이유들과 관련이 있었다.

❻ Partly this was the obvious convenience of being able to exit more quickly.

부분적으로 이것은 더 빨리 내릴 수 있다는 명확한 편리함 때문이었다.

❼ But it was shaped partly by a more abstract sensation — the desire to avoid the sometimes uncomfortable feeling of accidentally making eye contact with seated passengers.

그러나 이는 부분적으로 더 추상적인 느낌 — 앉아 있는 승객들과 우연히 눈이 마주치는 때때로 불편한 느낌을 피하려는 욕구에 의해 형성되었다.

❽ We can't see feelings—but they're very real, and they influence our experience of the world.

우리는 감정들을 볼 수 없다 — 그러나 그것들은 매우 실재하고, 그것들은 세상에 대한 우리의 경험에 영향을 미친다.

39　삽입

❶ We have a 'diving reflex', like other marine mammals.
우리는 다른 해양 포유류처럼 '잠수 반사'를 가지고 있다.

❷ This means that special nerve endings on our faces, around the mouth and nose, trigger this reflex only when the facial region goes under water.
이것은 입과 코 주변의 얼굴에 있는 특수 신경 말단이 얼굴 부위가 물 아래에 들어갈 때만 이 반사를 유발한다는 것을 의미한다.

❸ If we are in the water, with our head out in the air, there is no diving reflex.
만약 우리가, 머리는 공기 중에 있는 상태로, 물속에 있으면 잠수 반사는 없다.

❹ But if we sink just our face in a bowl of water, while the whole of the rest of our body is in the dry air, the diving reflex is triggered.
하지만 만약 우리가 그릇의 물속에 얼굴만 가라앉히고, 나머지 몸 전체는 물기가 없는 공기 중에 있으면, 잠수 반사가 유발된다.

❺ It automatically closes down the airway, reducing the risk of swallowing water, and it narrows the small airpassages in the lungs.
이것은 기도를 자동으로 닫아, 물을 삼킬 위험을 줄이고, 폐 속의 작은 공기 통로를 좁힌다.

❻ At the same time the heart rate is slowed down to half speed and blood is shunted to the vital organs, protecting them from the effects of the brief stop in breathing.
동시에 심박수가 절반 속도로 느려지고 혈액이 중요한 장기들로 보내져, 짧은 호흡 정지로 인한 영향으로부터 그것들을 보호한다.

❼ By contrast, if a chimpanzee or a gorilla found itself in water with its face below the surface, it would panic, its heart would race and it would quickly drown.
반면, 침팬지나 고릴라가 표면 아래에 얼굴이 있는 상태로 물속에 있는 자신을 발견하면, 그것은 당황하여, 그것의 심장이 빨리 뛰고 금방 익사할 것이다.

40 요약

❶ There is a natural assumption of truth, or a truth bias when humans communicate with one another.

인간이 서로 소통할 때 진실에 대한 자연스러운 가정, 즉 진실 편향이 있다.

❷ In other words, when we're listening to others or reading their words, our automatic assumption is that the other person is telling the truth.

다시 말해, 우리가 다른 사람의 말을 듣거나 그들의 글을 읽을 때, 우리의 자동적인 가정은 상대방이 진실을 말하고 있다는 것이다.

❸ This usually works out fine. If you ask someone where the restroom is located or if it's raining outside, you can safely assume that most people will not lie in their responses.

이는 보통 잘 작동한다. 만약 당신이 누군가에게 화장실이 어디 있는지나 밖에 비가 오고 있는지를 물어본다면, 당신은 대부분의 사람들이 그들의 응답에서 거짓말을 하지 않을 것이라고 확신하며 가정할 수 있다.

❹ Imagine how difficult it would be to converse with someone if you assumed that everything they were telling you was false!

만약 당신이 그들이 당신에게 말하는 모든 것이 거짓이라고 가 정한다면 누군가와 대화하는 것이 얼마나 어려울지 상상해 보라!

❺ Indeed, questioning the truth of a statement and then choosing not to believe it requires additional mental steps.

정말로, 어떤 진술의 진실성에 의문을 제기 하고 그것을 믿지 않는 것을 선택하는 것은 추가적인 정신적인 단계를 요구한다.

❻ For the most part, humans are "cognitive misers," which means we typically don't expend more mental effort than seems necessary in a given situation.

대부분의 경우, 인간은 "인지적 구두쇠"이고, 이는 우리가 주어진 상황에서 필요한 것처럼 보이는 것보다 더 많은 정신적인 노력을 전형적 으로 기울이지 않는다는 것을 의미한다.

❼ It makes sense then, that when we see something online, even if it is fake, our default is to believe it, at least at first.

그렇다면 우리 가 온라인에서 무언가를 볼 때, 비록 그것이 가짜라고 해도, 우리의 기본값은, 적어도 처음에는, 그것을 믿는 것임이 일리가 있다.

❽ We humans are unlikely to doubt the truth of information we receive, due to our tendency to save mental effort.

우리 인간은 우리가 받는 정보의 진실성을 의심하지 않으려 하는데, 이는 정신적 노력을 아끼려는 우리의 경향 때문이다.

41~42 제목, 어휘

❶ Paying with plastic fundamentally changes the way we spend money, altering the calculus of our financial decisions.

신용카드로 지불하는 것은 우리가 돈을 소비하는 방식을 근본적으로 바꾸며, 우리의 재정적 결정에 대한 계산법을 변화시킨다.

❷ When you buy something with cash, the purchase involves an actual loss—your wallet is literally lighter.

당신이 무언가를 현금으로 구매할 때, 그 구매는 실제 손실을 수반한다 — 당신의 지갑 이 말 그대로 더 가벼워진다.

❸ Credit cards, however, make the purchase abstract, so that you don't really feel the downside of spending money.

하지만, 신용카드는 구매를 추상화시켜, 당신은 돈을 소비하는 것의 부정적인 면을 실제로 느끼지 못한다.

❹ Brainimaging experiments suggest that paying with credit cards actually reduces activity in the insula, a brain region associated with negative feelings.

뇌 영상 실험은 신용카드로 지불하는 것이 부정적인 감정과 관련된 뇌 영역인 뇌섬엽에서의 활동을 실제로 감소시킨다는 것을 보여준다.

❺ As George Loewenstein, a neuroeconomist at Carnegie Mellon, says, "The nature of credit cards ensures that your brain is anesthetized against the pain of payment." Spending money doesn't feel bad, so you spend more money.

Carnegie Mellon의 신경경제학자 George Loewenstein 이 말하듯이, "신용카드의 본질은 당신의 뇌가 지불의 고통에 대해 마비되는 것을 확실하게 한다." 돈을 쓰는 것이 나쁘게 느껴지지 않아서, 당신은 더 많은 돈을 쓴다.

❻ Consider this experiment: Drazen Prelec and Duncan Simester, two business professors at MIT, organized a real life, sealedbid auction for tickets to a Boston Celtics game.

이 실험을 생각해 보자: MIT의 두 경영학 교수인 Drazen Prelec과 Duncan Simester는 Boston Celtics 경기 티켓을 위한 실재의 봉인 입찰 경매를 준비했다.

❼ Half the participants in the auction were informed that they had to pay with cash; the other half were told they had to pay with credit cards.

경매에 참여한 사람들 중 절반은 현금으로 지불해야 한다는 말을 들었고; 나머지 절반은 신용카드로 지불해야 한다는 말을 들었다.

❽ Prelec and Simester then averaged the bids for the two different groups.

그러고 나서 Prelec과 Simester는 다른 두 집단의 입찰가의 평균을 냈다.

❾ It turns out that the average credit card bid was twice as high as the average cash bid.

평균 신용카드 입찰 금액은 평균 현금 입찰 금액의 두 배만큼 높은 것 으로 나타났다.

❿ When people used their credit cards, their bids were much more careless.

사람들이 신용카드를 사용할 때, 그들의 입찰은 훨씬 더 무모했다.

⓫ They no longer felt the need to limit their expenses.

그들은 더 이상 지출을 억제해야 할 필요성을 느끼지 못했다.

43~45 순서, 지칭, 세부 내용

❶ The sun shone in the cloudless sky as Becky, a retired teacher, walked to the fruit market.

퇴직한 교사인 Becky가 과일 시장으로 걸어갈 때, 태양은 구름 한 점 없는 하늘에서 빛났다.

❷ Across town, Dana was riding a bus towards the museum for a job interview.

퇴직한 교사인 Becky가 과일 시장으로 걸어갈 때, 태양은 구름 한 점 없는 하늘에서 빛났다.

❸ Just before reaching her stop, Dana noticed the sky had suddenly darkened. Her heart sank—she had no umbrella.

그녀가 내릴 정류장에 다다르기 직전에, Dana는 하늘이 갑자기 어두워진 것을 알아챘다. 그녀는 가슴이 철렁했다 — 그녀는 우산이 없었다.

❹ As she stepped off the bus next to the market, where Becky had just finished shopping, raindrops began to fall. Dana felt panic.

Becky가 장보기를 막 끝낸 시장 옆에서 그녀가 버스에 서 내렸을 때, 빗방울이 떨어지기 시작했다. Dana는 당황했다.

❺ She didn't want to show up to her interview soaked. She looked around but couldn't find any stores nearby to buy an umbrella, and she didn't have time to search around.

그녀는 흠뻑 젖어서 면접에 나타나고 싶지 않았다. 그녀는 주위를 둘러보았지만 우산을 구매할 만한 어떤 가게도 근처에서 찾을 수 없었고, 주변을 찾아볼 시간도 없었다.

❻ Just then, Becky approached her, holding an open umbrella in one hand and a closed one in the other.

바로 그때, Becky가 한 손에는 펼친 우산을 다른 손에는 접은 것을 들고서, 그녀에게 다가왔다.

❼ "Take this," she said with a smile. Dana's eyes widened. "Are you sure?" Becky nodded. "I always carry an extra on rainy days."

"이거 받아요," 그녀가 미소를 지으며 말했다. Dana의 눈이 커졌다. "정말이세요?" Becky는 고개를 끄덕였다. "저는 비 오는 날에 항상 여분 하나를 가지고 다녀요."

❽ Dana thanked her, took the umbrella, and opened it. She saw a small card tied to the handle.

Dana는 그녀에게 고마워했고, 우산을 받아, 그것을 펼쳤다. 그녀는 손잡이에 묶인 작은 카드를 보았다.

❾ It read: "Cover each other." She was touched by the message.
그것에는 "서로를 감싸주세요."라고 적혀 있었다. 그녀는 그 메시지에 감동받았다.

❿ She hurried to the museum, arriving dry and comfortable, and performed well in her interview.
그녀는 미술관에 서둘러 갔고, 마른 채로 편안하게 도착해서, 인터뷰에서 잘 해냈다.

⓫ The Museum CEO was impressed by Dana and offered her the Event Manager position, her dream job.
미술관 CEO는 Dana에 의해 감명받았고, 그녀에게 그녀의 꿈의 직업인, 이벤트 매니저직을 제시했다.

⓬ Throughout the years ahead, she often thought back to Becky's kind gesture.
향후 몇 년 동안, 그녀는 종종 Becky의 친절한 행동을 떠올렸다.

⓭ Inspired by the memory, Dana created a museum event called "Cover Each Other" with paintings of people supporting others.
그 기억에 영감을 받아서, Dana는 다른 사람을 돕는 사람들의 그림들로 "서로를 감싸주세요"라는 미술관 행사를 만들었다.

⓮ She donated half of the money from ticket sales to families who lost their homes to natural disasters.
그녀는 티켓 판매로 얻은 돈의 절반을 자연재해로 그들의 집을 잃은 가족들에게 기부했다.

⓯ Dana kept Becky's message framed in her office as a reminder that one kind gesture could change someone's life.
Dana는 하나의 친절한 행동이 누군가의 삶을 바꿀 수 있음을 상기시키는 것으로서 Becky의 메시지를 그녀의 사무실에 액자로 넣어두었다.

⓰ The kindness of one stranger had shaped her path, and she made sure it continued to shape the world.
낯선 한 사람의 친절이 그녀의 길을 만들었고, 그녀는 그것이 계속해서 세상을 만들어가도록 했다.

18

Dear Dog Owners,

My name is Lily Paxton, and I'm the town's Pet Program Coordinator. As part of our goal to make the community [less / more]1) dog-friendly, we recently [opened / were opened]2) a new dog park. The park [was / x]3) designed to provide an enjoyable experience for both dogs and owners. There are big grassy areas [where / which]4) your dogs can run, jump, and play. We have [combined / separate]5) spaces for small dogs and big dogs, to ensure safety. You'll also find lots of benches and areas for [rest / resting]6) and [stay / staying]7) cool. We hope you will have a wonderful time with your dogs in this [new / newly]8) opened park.

Regards,

Lily Paxton, Pet Program Coordinator

친애하는 반려견 주인 여러분,
제 이름은 Lily Paxton이며, 저는 이 마을의 반려 동물 프로그램 코디네이터입니다. 이 지역 사회를 더욱 반려견 친화적으로 만들기 위한 목표의 일환으로, 저희는 최근에 새로운 반려견 공원을 개장했습니다. 이 공원은 반려견과 주인 모두에게 즐거운 경험을 제공하도록 설계되었습니다. 반려견들이 달리고, 점프하고, 놀 수 있는 넓은 잔디밭들이 있습니다. 안전을 보장하기 위해, 저희는 소형견과 대형견을 위한 별도의 공간을 마련했습니다. 여러분들은 휴식을 취하고 시 원하게 머물 수 있는 벤치들과 공간들도 많이 찾을 수 있을 것입니다. 저희는 새롭게 개장한 이 공원에서 여러분이 반려견과 함께 멋진 시간을 보내시길 바랍니다.
Lily Paxton, Pet Program Coordinator

19

Maya [waited / was waited]9) in line to check in for her flight. Her expectations about her European backpacking trip [was / were]10) really high. She [had / has]11) been looking forward to the trip for a year. She couldn't wait to visit museums in Madrid and [see / seeing]12) the Eiffel Tower at night in Paris. As she stood in line, she could feel those experiences were finally so [close / closely]13). When she approached the counter, the airline [employee / employer]14) asked to see her passport. Maya reached into her pocket but felt [nothing / something]15). She realized she [had / has]16) left her passport at home. Her plans [were / x]17) ruined. She was heartbroken, [knowing / known]18) she could not board the flight and had to delay her dream trip.

Maya는 비행기 탑승 수속을 위해 줄을 서서 기다리고 있었다. 유럽 배낭여행에 대한 그녀의 기대는 아주 높았다. 그녀는 일 년 동안 이 여행을 손꼽아 기다려 왔다. 그녀는 빨리 Madrid의 박물관들을 방문하고 Paris에서 밤에 Eiffel Tower를 보고 싶었다. 줄을 서 있는 동안, 그녀는 그 경험들이 마침내 정말 가까워졌다고 느꼈다. 그녀가 카운터에 다가갔을 때, 항공사 직원이 그녀의 여권을 보자고 요청했다. Maya는 주머니에 손을 넣었지만 아무것도 만져지지 않았다. 그녀는 여권을 집에 두고 온 것을 깨달았다. 그녀의 계획은 망쳐졌다. 그녀는 비행기에 탑승할 수 없고 꿈꿔왔던 여행을 연기해야 한다는 것을 깨달으며, 상심했다.

20

People often ask me, "What surprises you most about habits?" One thing [that / what]19) continually astonishes me is the degree [in / to]20) which we're influenced by sheer convenience. The amount of effort, time, or decision making [required / requiring]21) by an action has a huge influence on habit formation. To a truly [remarkable / remarkably]22) extent, we're [less / more]23) likely to do something if it's convenient, and [less / more]24) likely if it's not. For this reason, we should [pay / be paid]25) close attention to the convenience of any activity we want to make into a habit. [Put / Putting]26) a wastebasket next to our front door made mail sorting slightly [less / more]27) convenient, and I stopped [procrastinating / to procrastinate]28) with this chore. Many people report [that / what]29) they do a much better job of staying close to distant family members now [that / what]30) tools like group chats make it easy to stay in touch.

사람들은 종종 나에게, "습관에 관한 무엇이 당신을 가장 놀라게 하나요?"라고 묻는다. 나를 계속해서 놀라 게 하는 한 가지는 우리가 순전한 편리성에 의해 영향을 받는 정도이다. 행동에 의해 요구되는 노력, 시간, 또는 의사결정의 양이 습관 형성에 큰 영향을 미친다. 정말 놀라울 정도로, 우리는 어떤 일이 편리하다면 그것을 더 자주 할 것이고, 그렇지 않다면 덜 하게 될 것이다. 이런 이유로, 우리는 습관으로 만들고 싶은 행동의 편리성에 세심한 주의를 기울여야 한다. 현관문 옆에 쓰레기통을 두는 것이 우편물을 분류하는 일을 약간 더 편리하게 했고, 나는 이 일을 미루는 것을 멈추었다. 많은 사람들은 그룹 채팅 같은 도구들이 연락을 유지하는 것을 쉽게 만들어 주기 때문에 멀리 사는 가족들과 더 가까이 지내는 일을 훨씬 더 잘한다고 말한다.

21

It is common sense [that / what]31) people's inner beliefs [may / must]32) drive their external behavior. If you're attracted to a certain person, you should be [less / more]33) likely to socialize with that person. If you favor a brand of toothpaste, you're [less / more]34) likely to buy [it / them]35). Of course, our [external / internal]36) thoughts don't always predict our public behavior, but, overall, what we do obviously reflects [that / what]37) we think. But beliefs and behaviors are also related in a more [remarkable / remarkably]38) way. It turns out [that / what]39) the arrow is as likely to point in the reverse direction. As social psychologist David Myers observes, "If social psychology [had / has]40) taught us anything during the last 25 years, it is that we are likely not only to think ourselves into a way of acting but also to [act / acting]41) ourselves into a way of thinking."

사람들의 내적 신념이 그들의 외적인 행동을 이끌 수 있다는 것은 상식이다. 만약 당신이 어떤 사람에게 끌린다면, 당신은 그 사람과 더 어울리려고 할 것이다. 만 약 당신이 한 브랜드의 치약을 선호한다면, 당신이 그것을 구매할 가능성은 더 높다. 물론, 우리의 내적 사고 가 항상 공개적인 행동을 예측하지는 않지만, 전반적으로, 우리가 하는 것은 분명히 우리가 생각하는 바를 반영한다. 그러나 신념과 행동은 이보다 더 놀라운 방식으로도 관련이 있다. 화살이 반대 방향을 가리킬 가능성이 그만큼 높다는 것이 드러난다. 사회 심리학자 David Myers가 말한 바에 따르면, "지난 25년간 사회 심리학이 우리에게 가르쳐준 것이 있다면, 그것은 우리가 생각하여 행동 방식에 이를 뿐만 아니라 우리가 행동하여 사고 방식에 이를 가능성도 있다는 것이다."

22

[**Imagine** / **Imagining**]42) following the spirit of a silence vow into daily life. Challenge yourself to spend an entire day saying only [**that** / **what**]43) you absolutely must say. It's been [**wide** / **widely**]44) observed by behavioral psychology experts — and anyone who's ever been on a first date — [**that** / **what**]45) we too often tend to [**treat** / **be treated**]46) "conversation" as a game of waiting for our own turn to speak. We miss what's being said [**because** / **because of**]47) we're mentally rehearsing our next utterance. What if you could eliminate the idea that the next available minisilence is your next opening to express [**whatever** / **wherever**]48) is in your head? What if you were limited to, say, fifty spoken words tomorrow? I think you'd listen quite [**different** / **differently**]49). You'd attend quite carefully to every [**word** / **words**]50) you heard. You'd be attuned to [**that** / **what**]51) you must respond to. You might discover [**that** / **what**]52) the less you say, the more you hear.

일상생활에서 침묵 서약의 정신을 따르는 것을 상상해 보라. 반드시 말해야 할 것만 말하는 데 하루 온종일을 보내는 것에 스스로 도전해 보라. 우리가 너무나 자주 "대화"를 자신이 말할 차례를 기다리는 게임처럼 여기는 경향이 있다는 것이 행동 심리학 전문가들 — 그리고 첫 데이트를 해 본 적이 있는 누구든지 — 에 의해 널리 관찰되어 왔다. 우리는 다음 발언을 머릿속으로 연습하느라 말해지고 있는 것을 놓친다. 만약 당신이 그 다음에 오는 작은 침묵이 당신의 머릿속에 있는 무엇이든지를 표현할 그 다음 시작이라는 생각을 없앨 수 있다면 어떨까? 내일 당신이 말을, 이를테면, 50단어로 제한받는다면 어떨까? 나는 당신이 매우 다르게 듣게 될 것이라고 생각한다. 당신은 당신이 듣는 모든 단어에 매우 신중히 귀를 기울이게 될 것이다. 당신이 반드 시 응답해야 할 것에 맞춰질 것이다. 당신은 말을 줄일수록, 더 많이 듣게 된다는 것을 발견할지도 모른다.

23

Science is [**concerned** / **concerning**]53) with accumulating and understanding observations of the physical world. That understanding alone solves no problems. Individual people have to act on that understanding for [**it** / **them**]54) to help solve problems. For instance, science has found [**that** / **what**]55) regular exercise can lower your risk of heart disease. Knowing this fact is [**interested** / **interesting**]56), but it will do [**nothing** / **something**]57) for your personal health unless you act on it and actually exercise. And that's the hard part. [**Read** / **Reading**]58) an article about exercise is easy. [**Get** / **Getting**]59) into an actual routine of regular exercise is harder. In this sense, science really solves no problems at all. Problems are only solved [**when** / **which**]60) people take the knowledge provided by science and use [**it** / **them**]61). In fact, [**many** / **much**]62) of humanity's biggest problems are caused by lack of action, and not lack of knowledge.

과학은 물리적 세계에 대한 관찰을 축적하고 이해하는 것과 관련이 있다. 그 이해 단독으로는 어떠한 문제 도 해결하지 않는다. 개개인은 그것이 문제를 해결하는 것을 돕기 위해 그 이해를 행동으로 옮겨야 한다. 예를 들어, 과학은 규칙적인 운동이 심장병의 위험을 낮출 수 있다는 것을 발견했다. 이러한 사실을 아는 것은 흥미롭지만, 당신이 이를 행동으로 옮겨 실제로 운동하지 않는다면 그것은 당신의 개인 건강에 아무런 도움이 되지 않는다. 그리고 바로 이 점이 어려운 부분이다. 운동에 대한 기사를 읽는 것은 쉽다. 규칙적인 운동의 실제적인 루틴을 형성하는 것은 더 어렵다. 이러한 점에서, 과학은 사실 어떤 문제도 해결하지 않는다. 문제는 사람들이 과학에 의해 제공된 지식을 취하고 그것을 사용할 때만 해결된다. 실제로, 인류의 가장 큰 문제들 중 다수는 지식의 부족이 아니라, 행동의 부족에 의해 야기된다.

24

We think we're being logical, objective, and rational — and therefore [**accurate / accurately**]63) in our analysis, judgment, and decisions. So we think that if [**other / the other**]64) people are logical, objective, and rational, they will agree with us and see what we see. But the opposite is the case. Every human brain is [**different / similar**]65). Everyone's life experience is [**different / similar**]66). Everyone's desires and knowledge [**are / is**]67) different. You might think you're being realistic — that is, that your ideas match reality, but that's [**impossible / possible**]68). It's only your interpretation of reality, [**which / in which**]69) will always be different from someone else's. When two nations play each other in the World Cup, the fans of each country [**criticize / are criticized**]70) the referees for missing all the infractions that [**the / x**]71) other team commits. Without fail, each fan base believes [**that / what**]72) the referees are biased against their team.

우리는 우리가 논리적이고 객관적이며 합리적이고 — 그러므로 분석, 판단, 그리고 결정에 있어서 정확하다고 생각한다. 따라서 우리는 다른 사람들이 논리적이고 객관적이며 합리적이라면, 그들이 우리에게 동의하고 우리가 보는 것을 볼 것이라고 생각한다. 하지만 그 반대가 사실이다. 모든 사람의 뇌는 다르다. 모두의 인생 경험은 다르다. 모두의 욕망과 지식은 다르다. 당신은 당신이 현실적이라고 — 즉, 당신의 생각이 현실과 일치한다고 생각할 수 있지만, 그것은 불가능하다. 그것은 현실에 대한 당신의 해석일 뿐이며, 다른 사람의 것과 항상 다를 것이다. World Cup에서 두 나라가 서로 경기를 할 때, 각 나라의 팬들은 상대 팀이 저지르는 모든 반칙을 놓친 것에 대해 심판들을 비난한다. 어김없이, 각 팬층은 심판이 자기 팀에 불리하게 편파적이라고 믿는다.

25

The graph above shows the online share of retail trade in [**selected / selecting**]73) European countries in 2018 and 2019. In 2019, the United Kingdom recorded the [**highest / lowest**]74) online share of retail trade, [**reached / reaching**]75) 19.2 percent. The Netherlands showed the [**largest / smallest**]76) increase in its online share of retail trade among the countries from 2018 to 2019, with a jump of over 6 percentage points. In 2018, Germany had a [**higher / lower**]77) online share of retail trade than the Netherlands, whereas, in 2019, Germany fell behind the Netherlands. In 2018, Germany's online share of retail trade [**was / were**]78) over three times higher than [**that / those**]79) of Spain. Among the five countries, Italy recorded the [**highest / lowest**]80) online share of retail trade in both 2018 and 2019.

위 그래프는 선정된 유럽 국가들에서 2018년과 2019 년에 소매 거래에서의 온라인 점유율을 보여준다. 2019 년에, 영국은 19.2퍼센트에 달하며, 소매 거래에서 가장 높은 온라인 점유율을 기록하였다. 네덜란드는 2018년부터 2019년까지 소매 거래에서의 온라인 점유율이 6퍼센트포인트 넘게 증가하여, 국가들 중 가장 큰 증가를 보였다. 2018년에는, 독일은 네덜란드보다 소매 거래에서 더 높은 온라인 점유율을 가졌으나, 2019년에는, 독일은 네덜란드에 뒤처졌다. 2018년에, 독일의 소매 거래에서의 온라인 점유율은 스페인의 그것보다 세 배 넘게 높았다. 다섯 국가들 중, 이탈리아는 2018년과 2019년 모두 소매 거래에서 가장 낮은 온라인 점유율을 기록하였다.

26

Edward O. Wilson [**was** / **x**]81) born in Birmingham, Alabama, in 1929. In his early childhood, he became [**interested** / **interesting**]82) in nature and spent much time in the [**indoors** / **outdoors**]83). At age seven, he was partially blinded in a fishing accident; his [**gained** / **reduced**]84) sight led Wilson to the study of ants. He could not observe larger animals from a distance. Instead, he concentrated on [**bigger** / **smaller**]85) creatures he could study up close. After [**studied** / **studying**]86) evolutionary biology at the University of Alabama, Wilson transferred to Harvard University, [**where** / **which**]87) he became a professor in 1956. He never received a Nobel Prize — the prize didn't recognize research in the field of evolutionary biology. However, he [**was** / **x**]88) awarded the Crafoord Prize in 1990. Wilson, [**known** / **was known**]89) to some as the "modern-day Darwin", died at the age of 92 in Massachusetts.

Edward O. Wilson은 1929년 Alabama주 Birmingham에서 태어났다. 어린 시절에, 그는 자연에 관심을 갖게 되었고 야외에서 많은 시간을 보냈다. 7살 때, 그는 낚시 사고로 부분적으로 실명했고; 그의 좁아진 시야는 Wilson을 개미 연구로 이끌었다. 그는 멀리서 더 큰 동물을 관찰할 수 없었다. 대신, 그는 가까이에서 연구할 수 있는 더 작은 생물에 집중했다. Alabama 대학에서 진화 생물학을 공부한 후, Wilson은 Harvard 대학으로 옮겼고, 그곳에서 1956년에 교수가 되었다. 그는 Nobel Prize를 받지 못했다 — 그 상은 진화생물학 분야의 연구를 인정하지 않았다. 그러나, 그는 1990년에 Crafoord Prize를 수상하였다. 몇몇에게 "현대의 Darwin"으로 알 려진 Wilson은 Massachusetts에서 92세에 사망했다.

29

Studies of experts provide insight into what it means to have deep and [**flexible** / **flexibly**]90) understanding. Experts in a particular domain [**are** / **is**]91) people who have deep, richly interconnected ideas about the world. They are not just good thinkers or people [**who** / **whom**]92) are exceptionally smart. Rather, experts [**have** / **having**]93) knowledge in a specific domain — such as chess, chemistry, or tennis — and are not generalists. However, experts do not just know "a bunch of facts." In fact, having expertise in a topic means [**that** / **what**]94) knowledge is organized into coherent frameworks, and the expert [**understands** / **is understood**]95) the interrelationship between facts and can [**distinguish** / **be distinguished**]96) which ideas are most central. This kind of deep but organized understanding allows for greater flexibility in learning and [**facilitates** / **to facilitate**]97) application across multiple contexts.

전문가에 대한 연구는 깊고 유연한 이해를 가지는 것이 무엇을 의미하는지에 대한 통찰을 제공한다. 특정 분야의 전문가는 세상에 대해 깊고 풍부하게 상호 연결된 생각을 가진 사람들이다. 그들은 단순히 생각을 잘 하는 사람이거나 유난히 똑똑한 사람이 아니다. 오히려, 전문가는 특정 분야 — 체스, 화학, 또는 테니스와 같은 — 에서 지식을 가지고 있고, 다방면의 지식을 가진 사람이 아니다. 그러나, 전문가는 "많은 사실"을 알기만 하는 것은 아니다. 사실, 한 주제에 대한 전문성이 있다 는 것은 지식이 일관된 틀로 조직화되어 있고, 전문가가 사실 간의 상호 관계를 이해하고 어떤 아이디어가 가장 핵심적인지 구분할 수 있다는 것을 의미한다. 이러한 깊이 있으면서도 조직화된 이해는 학습에서의 더 큰 유연성을 가능하게 하고 다양한 맥락에 걸쳐 적용을 촉진한다.

30

It is natural for people to [**observe** / **be observed**]98) happenings and then seek explanations for why those happenings occurred. But sometimes the reasoning is wrong because [**of** / **x**]99) one or more misconceptions. One of these [**are** / **is**]100) the ecological fallacy, where an argument claims [**that** / **what**]101) there is a causal relationship between two things merely [**because** / **because of**]102) they occur together. For example, in the 1950s it [**was** / **x**]103) found that crime rates were the highest in neighborhoods where immigrants were most numerous. Some people used this "co-occurrence" to argue [**that** / **what**]104) immigrants were a cause of crime. But a careful analysis of this situation [**concealed** / **revealed**]105) that immigrants were forced to live in neighborhoods [**where** / **which**]106) crime rates were already high ; they could [**not** / **x**]107) afford more expensive housing in safer neighborhoods. Immigrants themselves committed very few of the crimes. Unless you analyze the claim carefully, you would misinterpret the relationship and thereby [**construct** / **constructing**]108) a faulty belief.

사람들이 사건들을 관찰하고 나서 왜 그런 사건들이 일어났는지에 대한 설명을 찾는 것은 당연하다. 그러나 때로는 하나 또는 그 이상의 오해로 인해 추론이 잘못된다. 그 중 하나는 생태학적 오류로, 여기서 논지는 두 가지가 함께 발생한다는 이유만으로 두 가지 사이에 인과 관계가 있다는 것이다. 예를 들어, 1950년대에 범죄율이 이민자가 가장 많은 지역에서 가장 높다는 것이 밝혀졌다. 일부 사람들은 이민자들이 범죄의 원인이라고 주장하기 위해서 이러한 "동시 발생"을 이용했다. 그러나 이 상황에 대한 면밀한 분석은 이민자들이 이미 범죄율이 높은 지역에 거주할 수밖에 없었다는 것을 밝혀냈다; 그들은 보다 안전한 지역의 더 비싼 주택을 살 여력이 없었다. 이민자 자신들은 범죄를 거의 저지르지 않았다. 그 주장을 주의 깊게 분석하지 않으면, 당신은 그 관계를 잘못 해석하여 잘못된 믿음을 형성할 수 있다.

31

In everyday life, we [**use** / **are used**]109) previous experience to predict where we should pay attention. Different environments [**create** / **creating**]110) different expectations. This was profoundly illustrated by the scientist Jared Diamond in his book Guns, Germs, and Steel. He describes an adventure [**wandering** / **wondering**]111) through the New Guinea jungle with native New Guineans. He relates [**that** / **what**]112) these natives tend to perform poorly at tasks Westerners [**had** / **have**]113) been trained to do since childhood. But they are hardly stupid. They can [**detect** / **be detected**]114) the most subtle changes in the jungle, good for following the tracks of a predator or for finding the way back home. They know [**which** / **in which**]115) insects to leave alone, know where food exists, can build and tear down shelters with ease. Diamond, who [**had** / **has**]116) never spent time in such places, has no ability to pay attention to these things. Were he to be tested on such tasks, he also would perform [**poor** / **poorly**]117).

일상생활에서, 우리는 어디에 집중해야 할지를 예측하기 위해 이전 경험을 사용한다. 다른 환경은 다른 기대를 만든다. 이것은 과학자 Jared Diamond에 의해 그의 저서인 Guns, Germs, and Steel에서 깊이 있게 설명되었다. 그는 New Guinea 정글을 New Guinea 원주민들과 함께 돌아다닌 모험을 묘사한다. 그는 서구인들이 어린 시절부터 훈련받아 온 과업을 이 원주민들이 잘 수행하지 못하는 경향이 있다고 말한다. 하지만 그들이 멍청한 것은 아니다. 그들은 정글에서 가장 미묘한 변화를 감지할 수 있는데, 이는 포식자의 흔적을 추적하거나 집으로 돌아오는 길을 찾는 데 유용하다. 그 들은 어느 곤충을 내버려 두어야 할지 알며, 어디에 음식이 있는지 알고, 피난처를 쉽게 만들고 철거할 수 있다. 그러한 장소에서 시간을 보내본 적이 없는 Diamond는 이러한 것들에 주의를 기울일 수 있는 능력이 없다. 그 가 그런 과업들에 대해 시험을 본다면, 그 역시 잘하지 못할 것이다.

32

Most entrepreneurs put in tremendous amounts of time and effort in creating and launching new products and services and then [make / making]118) the mistake of overpricing [it / them]119). They have created something they care deeply about, it's theirs, and this powerful sense of ownership [distort / distorts]120) their perception of value which causes them to [overprice / be overpriced]121) their products. While many of them are quick to realize [that / what]122) their initial prices are too high, not all these people are happy or willing to [drop / increase]123) their prices to make their products more attractive. And this can be a very costly mistake [that / what]124) may lead to the failure of their new business. [When / Where]125) you launch a new product or service, your priority should be to get [deficient / sufficient]126) market adoption as soon as possible and you should be ready to [sacrifice / sacrificing]127) your initial prices and profits to achieve this aim. Once you have strong sales volumes, you can [decrease / increase]128) your prices to maximize your profits.

대부분의 기업가들은 새로운 제품과 서비스를 만들고 출시하는 데 엄청난 시간과 노력을 들이며, 그런 다음 그것들의 가격을 너무 비싸게 책정하는 실수를 저지른다. 그들은 자신이 매우 소중히 여기는 무언가를 만들었고, 그것은 그들의 것이며, 이 강한 소유감은 가치에 대한 그들의 인식을 왜곡시켜 그들의 제품 가격을 너무 높게 책정하게 만든다. 그들 중에 많은 이들은 그들의 초기 가격이 너무 높다는 것을 빠르게 깨닫기는 하지만, 이 모든 사람들이 그들의 제품을 더 매력적으로 만들기 위해 가격을 낮추는 것을 좋아하거나 내켜하지는 않는다. 그리고 이것은 그들의 새로운 사업의 실패를 초래할 수 있는 손해가 매우 큰 실수가 될 수 있다. 새로운 제품이나 서비스를 출시할 때, 당신의 우선순위는 가능한 빨리 충분한 시장 점유를 확보하는 것이어야 하며, 당신이 이 목표를 달성하기 위해서는 당신의 초기 가격과 수익을 희생할 준비가 되어 있어야 한다. 일단 당신이 높은 판매량을 확보하게 되면, 당신은 수익을 극대화하기 위해 가격을 인상할 수 있다.

33

In most respects, humans are one of a relatively small number of species [that / what]129) evolved a very different strategy of investing more energy to reproduce more slowly. Like apes and elephants, we mature at a leisurely pace, grow large bodies, and have few babies but [devote / devoting]130) much time and energy to [raising / rising]131) them well. This unusual strategy succeeds [because / because of]132) while apes and elephants produce [fewer / more]133) babies than mice, a larger percentage of their offspring survive to then reproduce. A house mouse can become a mother [when / where]134) she is just five weeks old, has four to ten pups per litter, and can have a new litter every two months over the course of her approximately twelvemonth life. However, the vast [majority / minority]135) of her pups die young. In contrast, a chimp or elephant mother does not reproduce until she is at least twelve years old, and she gives birth to only one infant every five or six [year / years]136) over the next thirty or so years. About half of these offspring make it to [become / becoming]137) parents.

대부분의 측면에서, 인간은 더 많은 에너지를 투자하여 더 천천히 번식하는 매우 다른 전략을 진화시킨 비교적 소수의 종들 중 하나이다. 유인원과 코끼리와 마찬가지로, 우리는 천천히 성숙하고, 몸집을 크게 키우며, 새끼들을 적게 낳지만 그들을 잘 키우는 데 많은 시간과 에너지를 투자한다. 유인원과 코끼리는 생쥐보다 더 적은 수의 새끼를 낳지만, 그들의 새끼 중 더 높은 비율이 살아남아서 번식하기 때문에 이 특이한 전략은 성공한다. 생쥐는 생후 5주 만에 어미가 될 수 있으며, 한 배에서 4마리에서 10마리의 새끼를 낳고, 약 12개월의 생애 동안 2개월마다 새로운 새끼들을 낳을 수 있다. 그러나, 그의 새끼 대부분은 어릴 때 죽는다. 반면, 침팬지나 코끼리 어미는 최소 12살이 될 때까지 번식을 하지 않으며, 이후 30년 정도에 걸쳐 5년 또는 6년마다 단 한 마리의 새끼만 낳는다. 이러한 새끼 중 절반 정도가 부모가 되는 데 성공한다.

34

When scientists make an important new discovery or experimentally prove some hypothesis, they do not, in general, keep [that / those]138) information to themselves so that they alone can consider its meaning and [derive / be derived]139) additional theories from it. Instead, they publish their results and make their data [available / unavailable]140) for inspection. This makes it possible for [other / the other]141) scientists to reconsider their data and possibly [refuse / refute]142) their conclusions. More important, though, it makes it possible for [other / the other]143) scientists to use that data to construct new hypotheses and [perform / performing]144) new experiments. The assumption is that society as a whole will end up [know / knowing]145) more if information is spread as widely as possible, rather than being limited to [a / x]146) few people. In a strict sense, every scientist depends on the work of [other / the other]147) scientists.

과학자들은 중요한 새로운 발견을 하거나 실험적으로 어떤 가설을 증명할 때, 일반적으로, 그들은 그것의 의 미를 혼자서 고려하고 그것으로부터 추가적인 이론을 도출할 수 있도록 그 정보를 자기만 가지고 있지 않는다. 대신에, 그들은 자신의 결과를 발표하고 그들의 데이터가 점검 가능하도록 한다. 이것은 다른 과학자들이 그들의 데이터를 재고하게 하고 어쩌면 그들의 결론을 반박하는 것을 가능하게 한다. 하지만, 더 중요한 것은 이것이 다른 과학자들이 새로운 가설들을 세우고 새로운 실험들을 수행하기 위하여 그 데이터를 사용하는 것을 가능하도록 한다는 것이다. 가정은 만약 정보가 소수의 사람들에게 제한되기보다 가능한 한 널리 확산되면 결국 사회 전체가 더 많은 것을 알게 될 것이라는 것이다. 엄밀한 의미에서, 모든 과학자는 다른 과학자들의 연구에 의존한다.

35

In the 1930s, the British psychologist Sir Frederic Bartlett [asked / was asked]148) people to listen to folktales from other countries and then recall these stories at a later date. As you might guess, [familiar / unfamiliar]149) stories were not remembered as well as [familiar / unfamiliar]150) stories. Surprisingly, however, errors in memory were [not / x]151) random. Rather, subjects often rewrote [different / similar]152) parts of the stories in their own minds — particularly the parts [that / what]153) made the least sense to them. Bartlett concluded [that / what]154) when facing problems, humans draw upon mental schemata, or shelves of stored knowledge in our brains, to [fill / be filled]155) in any minor gaps in our memories. Therefore, remembering is an [imaginative / imaginary]156) process that involves building upon past experiences.

1930년대에, 영국의 심리학자 Frederic Bartlett 경은 사람들에게 다른 나라의 민간 설화를 듣고 난 다음 나중에 이 이야기들을 기억해 내도록 요청했다. 당신이 아마 추측할 수 있듯이, 낯선 이야기는 익숙한 이야기만큼 잘 기억되지 않았다. 그러나 놀랍게도 기억의 오류들은 무작위적인 것이 아니었다. 오히려 피험자들은 자신의 마음 속에서 이야기의 비슷한 부분 — 특히 그들에게 가장 이해가 되지 않는 부분을 종종 다시 썼다. Bartlett은 문제에 직면할 때, 인간은 우리 기억의 사소한 틈을 메우기 위해 정신적 스키마타, 즉 뇌에 저장된 지식의 선반을 활용한다는 결론을 내렸다. 따라서, 기억하는 것은 과거의 경험을 기반으로 하는 것을 포함하는 상상의 과정이다.

36

History, people often say, repeats itself. And [look / looking]157) at the historical records of the ancient civilizations, some things do seem to happen again and again. Civilizations expand, get overextended, and then [collapse / collapsed]158) as in the cases of Rome, [which / in which]159) went under in 476 AD, and the British Empire, [which / in which]160) fell apart more than a thousand years later in the post – World War II era. But is this always the case? If so, archaeology would be pretty [bored / boring]161); one thing would happen again and again. But that's not what archaeologists see. Some civilizations end suddenly, like the Aztec and Inca, [conquered / conquering]162) by invaders in the 1520s AD. Those empires never had the chance to [collapse / be collapsed]163) as a result of overexpansion. So in the case of civilizations, "history repeats itself" [seems / doesn't seem]164) to be an oversimplification.

역사는, 사람들이 종종 말하길, 그 자체를 반복한다. 그리고 고대 문명의 역사적 기록들을 보면, 몇 가지 일들이 정말로 반복해서 일어나는 것처럼 보인다. 문명은 서기 476년에 멸망한 로마의 경우와, 천 년 이상 지난 후 제2차 세계 대전 이후에 해체된 대영제국의 사례에서처럼 확장하고, 과도하게 확장되다가, 결국 붕괴한다. 하지만 이것이 항상 그런가? 만약 그렇다면, 고고학은 꽤 지루할 것이다; 한 가지 일이 반복해서 일어날테니 말이다. 하지만 그것은 고고학자들이 보는 것이 아니다. 어떤 문명들은, 서기 1520년대에 침략자들에 의해 정복된 Aztec과 Inca처럼 갑작스럽게 끝난다. 그러한 제국들은 과도한 확장의 결과로 붕괴할 기회조차 없었다. 그래서 문명의 경우에, "역사는 그 자체를 반복한다"라는 말은 지나친 단순화로 보인다.

37

Stanford psychology professor Dr. Carol Dweck is the internationally [recognized / recognizing]165) pioneer of the concept of "growth mindset" as a way to continually grow, learn, and persevere in our efforts. Dweck found [that / what]166) kids who are told they're "smart" actually underperform in future tasks, by choosing [more difficult / easier]167) tasks to avoid evidence that they are not smart, which Dweck calls having a "fixed mindset." In contrast, Dweck found, kids who [are / x]168) praised not for their smarts but for their effort develop [that / what]169) Dweck calls a "growth mindset." They learn that their effort is [that / what]170) led to their success, and if they continue to try, over time they'll improve and achieve more things. These kids end up [take / taking]171) on tougher things, and feel better about themselves. "Emphasizing effort [give / gives]172) a child a variable that they can control," Dweck has explained.

Stanford 심리학 교수인 Carol Dweck 박사는 우리의 노력에서 지속적으로 성장하고, 배우며, 인내할 수 있는 방법인 "성장 사고방식" 개념으로 국제적으로 인정받는 선구자이다. Dweck은 "똑똑하다"라는 말을 듣는 아이들은 그들이 똑똑하지 않다는 증거를 피하기 위해 더 쉬운 과제를 선택함으로써 실제로 미래 과제에서 기대에 못 미치는 성과를 낸다는 것을 발견했는데, Dweck은 이를 "고정 사고방식"을 가진 것으로 부른다. 반대로, Dweck은 똑똑함이 아닌 노력에 대해 칭찬 받는 아이들은 Dweck이 "성장 사고방식"이라 부르는 것을 발달시킨다는 것을 발견했다. 그들은 그들의 노력이 성공으로 이르게 한 것임을 배우고, 그들이 계속해서 노력한다면, 시간이 지나면서 발전하고 더 많은 것을 성취하게 될 것이다. 이 아이들은 결국 더 힘든 일을 받아들이고, 스스로에 대해 더 좋은 느낌을 갖게 된다. "노력을 강조하는 것은 아이에게 그들이 통제할 수 있는 변수를 제공한다."라고 Dweck은 설명했다.

38

To monitor our surroundings [are / is]173) to focus on what's [inside / outside]174) of ourselves: what we see, hear, smell, feel, and perhaps even taste. But sometimes what really marks a place is something [less / more]175) specific — a feeling within us. An interesting example [emerged / emerging]176) from a study of subway passenger behavior. Researchers trying to understand why people sit where they sit or stand where they stand in subway and metro trains examined the factors [that / what]177) shape the way riders used and navigated that space in [different / similar]178) situations. One of their findings involved the reasons many riders like to plant [them / themselves]179) close to the train's doors. Partly this was the [obvious / obviously]180) convenience of being able to exit more quickly. But it was shaped partly by a more [abstract / concrete]181) sensation — the desire to avoid the sometimes [comfortable / uncomfortable]182) feeling of accidentally making eye contact with seated passengers. We can't see feelings — but they're very real, and they [influence / are influenced]183) our experience of the world.

우리 주변을 살피는 것은 우리 자신 바깥에 있는 것 에 집중하는 것이다: 우리가 보고, 듣고, 냄새 맡고, 느끼고, 어쩌면 맛보기도 하는 것. 그러나 때로는 어떤 장소를 진정으로 특징짓는 것은 덜 구체적인 것 — 우리 안에 있는 감정이다. 흥미로운 예가 지하철 승객 행동 에 관한 연구에서 나왔다. 지하철이나 전철에서 왜 사람들이 그들이 앉는 곳에 앉거나 그들이 서는 곳에 서는지를 이해하려고 노력하는 연구자들은 다양한 상황에 서 승객들이 그 공간을 사용하고 탐색하는 방식을 형성하는 요인들을 조사했다. 연구 결과 중 하나는 많은 승객들이 기차의 문 근처에 자리 잡기를 좋아하는 이유들과 관련이 있었다. 부분적으로 이것은 더 빨리 내릴 수 있다는 명확한 편리함 때문이었다. 그러나 이는 부분적으로 더 추상적인 느낌 — 앉아 있는 승객들과 우연히 눈이 마주치는 때때로 불편한 느낌을 피하려는 욕구에 의해 형성되었다. 우리는 감정들을 볼 수 없다 — 그러나 그것들은 매우 실재하고, 그것들은 세상에 대한 우리의 경험에 영향을 미친다.

39

We have a 'diving reflex', like [other / the other]184) marine mammals. This means that special nerve endings on our faces, around the mouth and nose, [trigger / triggers]185) this reflex only when the [facial / facially]186) region goes under water. If we are in the water, with our head out in the air, there is no diving reflex. But if we sink just our face in a bowl of water, [during / while]187) the whole of the rest of our body is in the dry air, the diving reflex [is / x]188) triggered. It automatically closes down the airway, [reduced / reducing]189) the risk of swallowing water, and it narrows the small airpassages in the lungs. At the same time the heart rate is [slowed / slowing]190) down to half speed and blood is shunted to the vital organs, protecting [them / themselves]191) from the effects of the brief stop in breathing. By contrast, if a chimpanzee or a gorilla found itself in water with its face below the surface, it would panic, its heart would race and it would [quick / quickly]192) drown.

우리는 다른 해양 포유류처럼 '잠수 반사'를 가지고 있다. 이것은 입과 코 주변의 얼굴에 있는 특수 신경 말단이 얼굴 부위가 물 아래에 들어갈 때만 이 반사를 유발한다는 것을 의미한다. 만약 우리가, 머리는 공기 중에 있는 상태로, 물속에 있으면 잠수 반사는 없다. 하지만 만약 우리가 그릇의 물 속에 얼굴만 가라앉히고, 나머지 몸 전체는 물기가 없는 공기 중에 있으면, 잠수 반사가 유발된다. 이것은 기도를 자동으로 닫아, 물을 삼킬 위험을 줄이고, 폐 속의 작은 공기 통로를 좁힌다. 동시에 심박수가 절반 속도로 느려지고 혈액이 중요한 장기들로 보내져, 짧은 호흡 정지로 인한 영향으로부터 그것들을 보호한다. 반면, 침팬지나 고릴라가 표면 아래에 얼굴이 있는 상태로 물속에 있는 자신을 발견하면, 그것은 당황하여, 그것의 심장이 빨리 뛰고 금방 익사할 것이다.

40

There is a [natural / naturally]193) assumption of truth, or a truth bias when humans communicate with one another. In other words, when we're listening to [others / the others]194) or reading their words, our automatic assumption is [that / what]195) the other person is telling the truth. This usually works out fine. If you ask someone where the restroom is located or if it's raining outside, you can safely [assume / assumed]196) that most people will not lie in their responses. Imagine how difficult it would be to converse with someone if you assumed [that / what]197) everything they were telling you was false! Indeed, questioning the truth of a statement and then [choose / choosing]198) not to believe it requires additional mental steps. For the most part, humans are "cognitive misers," [where / which]199) means we typically don't expend more mental effort than seems necessary in a given situation. It makes sense then, that when we see something online, even if it is fake, our default is to believe [it / them]200), at least at first.

인간이 서로 소통할 때 진실에 대한 자연스러운 가정, 즉 진실 편향이 있다. 다시 말해, 우리가 다른 사람의 말을 듣거나 그들의 글을 읽을 때, 우리의 자동적인 가정은 상대방이 진실을 말하고 있다는 것이다. 이는 보통 잘 작동한다. 만약 당신이 누군가에게 화장실이 어디 있는지나 밖에 비가 오고 있는지를 물어본다면, 당신은 대부분의 사람들이 그들의 응답에서 거짓말을 하지 않을 것이라고 확신하며 가정할 수 있다. 만약 당신이 그들이 당신에게 말하는 모든 것이 거짓이라고 가 정한다면 누군가와 대화하는 것이 얼마나 어려울지 상상해 보라! 정말로, 어떤 진술의 진실성에 의문을 제기 하고 그것을 믿지 않는 것을 선택하는 것은 추가적인 정신적인 단계를 요구한다. 대부분의 경우, 인간은 "인지적 구두쇠"이고, 이는 우리가 주어진 상황에서 필요한 것처럼 보이는 것보다 더 많은 정신적인 노력을 전형적 으로 기울이지 않는다는 것을 의미한다. 그렇다면 우리 가 온라인에서 무언가를 볼 때, 비록 그것이 가짜라고 해도, 우리의 기본값은, 적어도 처음에는, 그것을 믿는 것임이 일리가 있다.

41~42

Paying with plastic fundamentally changes the way we spend money, [**altered** / **altering**]201) the calculus of our financial decisions. When you buy something with cash, the purchase involves an actual loss — your wallet is [**literal** / **literally**]202) lighter. Credit cards, however, make the purchase [**abstract** / **concrete**]203), so that you don't really feel the downside of spending money. Brainimaging experiments suggest [**that** / **what**]204) paying with credit cards actually reduces activity in the insula, a brain region associated with [**negative** / **positive**]205) feelings. As George Loewenstein, a neuroeconomist at Carnegie Mellon, says, "The nature of credit cards ensures [**that** / **what**]206) your brain is anesthetized against the pain of payment." [**Spend** / **Spending**]207) money doesn't feel bad, so you spend more money. Consider this experiment: Drazen Prelec and Duncan Simester, two business professors at MIT, [**organized** / **organizing**]208) a real life, sealedbid auction for tickets to a Boston Celtics game. Half the participants in the auction [**were** / **x**]209) informed that they had to pay with cash; [**the** / **x**]210) other half were told they had to pay with credit cards. Prelec and Simester then averaged the bids for the two different groups. It turns out [**that** / **what**]211) the average credit card bid was twice as [**high** / **low**]212) as the average cash bid. When people used their credit cards, their bids were much more [**careful** / **careless**]213). They no longer felt the need to limit their expenses.

신용카드로 지불하는 것은 우리가 돈을 소비하는 방식을 근본적으로 바꾸며, 우리의 재정적 결정에 대한 계산법을 변화시킨다. 당신이 무언가를 현금으로 구매할 때, 그 구매는 실제 손실을 수반한다 — 당신의 지갑 이 말 그대로 더 가벼워진다. 하지만, 신용카드는 구매를 추상화시켜, 당신은 돈을 소비하는 것의 부정적인 면을 실제로 느끼지 못한다. 뇌 영상 실험은 신용카드로 지불하는 것이 부정적인 감정과 관련된 뇌 영역인 뇌섬엽에서의 활동을 실제로 감소시킨다는 것을 보여준다. Carnegie Mellon의 신경경제학자 George Loewenstein 이 말하듯이, "신용카드의 본질은 당신의 뇌가 지불의 고통에 대해 마비되는 것을 확실하게 한다." 돈을 쓰는 것이 나쁘게 느껴지지 않아서, 당신은 더 많은 돈을 쓴다. 이 실험을 생각해 보자: MIT의 두 경영학 교수인 Drazen Prelec과 Duncan Simester는 Boston Celtics 경기 티켓을 위한 실재의 봉인 입찰 경매를 준비했다. 경매에 참여한 사람들 중 절반은 현금으로 지불해야 한다는 말을 들었고; 나머지 절반은 신용카드로 지불해야 한다는 말을 들었다. 그러고 나서 Prelec과 Simester는 다른 두 집단의 입찰가의 평균을 냈다. 평균 신용카드 입찰 금액은 평균 현금 입찰 금액의 두 배만큼 높은 것 으로 나타났다. 사람들이 신용카드를 사용할 때, 그들의 입찰은 훨씬 더 무모했다. 그들은 더 이상 지출을 억제해야 할 필요성을 느끼지 못했다.

43~45

The sun shone in the cloudless sky as Becky, a retired teacher, [walked / walking]214) to the fruit market. Across town, Dana was riding a bus towards the museum for a job interview. Just before reaching her stop, Dana noticed the sky [had / has]215) suddenly darkened. Her heart sank — she had no umbrella. As she stepped off the bus next to the market, [where / which]216) Becky had just finished shopping, raindrops began to fall. Dana felt panic. She didn't want to show up to her interview [soaked / soaking]217). She looked around but couldn't find any stores nearby to buy an umbrella, and she didn't have time to search around. Just then, Becky approached her, holding an open umbrella in one hand and a closed one in [the / x]218) other. "Take this," she said with a smile. Dana's eyes widened. "Are you sure?" Becky nodded. "I always carry an extra on rainy days." Dana thanked her, [taking / took]219) the umbrella, and opened it. She saw a small card tied to the handle. It read: "Cover each other." She [was / x]220) touched by the message. She hurried to the museum, arriving dry and comfortable, and performed [good / well]221) in her interview. The Museum CEO was impressed by Dana and offered her the Event Manager position, her dream job. Throughout the years ahead, she often thought back to Becky's kind gesture. Inspired by the memory, Dana [created / was created]222) a museum event called "Cover Each Other" with paintings of people supporting [others / the others]223). She donated half of the money from ticket sales to families who lost their homes to [natural / naturally]224) disasters. Dana kept Becky's message framed in her office as a reminder [that / what]225) one kind gesture could change someone's life. The kindness of one stranger [had / has]226) shaped her path, and she made sure [it / they]227) continued to shape the world.

퇴직한 교사인 Becky가 과일 시장으로 걸어갈 때, 태양은 구름 한 점 없는 하늘에서 빛났다. 도시를 가로질러, Dana는 취업 면접을 위해 버스를 타고 미술관으로 가고 있었다. 그녀가 내릴 정류장에 다다르기 직전에, Dana는 하늘이 갑자기 어두워진 것을 알아챘다. 그녀는 가슴이 철렁했다 — 그녀는 우산이 없었다. Becky가 장보기를 막 끝낸 시장 옆에서 그녀가 버스에 서 내렸을 때, 빗방울이 떨어지기 시작했다. Dana는 당황했다. 그녀는 흠뻑 젖어서 면접에 나타나고 싶지 않았다. 그녀는 주위를 둘러보았지만 우산을 구매할 만한 어떤 가게도 근처에서 찾을 수 없었고, 주변을 찾아볼 시간도 없었다. 바로 그때, Becky가 한 손에는 펼친 우산을 다른 손에는 접힌 것을 들고서, 그녀에게 다가왔다. "이거 받아요," 그녀가 미소를 지으며 말했다. Dana의 눈이 커졌다. "정말이세요?" Becky는 고개를 끄덕였다. "저는 비 오는 날에 항상 여분 하나를 가지고 다녀요." Dana는 그녀에게 고마워했고, 우산을 받아, 그것을 펼쳤다. 그녀는 손잡이에 묶인 작은 카드를 보았다. 그것에는 "서로를 감싸주세요."라고 적혀 있었다. 그녀는 그 메시지에 감동받았다. 그녀는 미술관에 서둘러 갔고, 마른 채로 편안하게 도착해서, 인터뷰에서 잘 해냈다. 미술관 CEO는 Dana에 의해 감명받았고, 그녀에게 그녀의 꿈의 직업인, 이벤트 매니저직을 제시했다. 향후 몇 년 동안, 그녀는 종종 Becky의 친절한 행동을 떠올렸다. 그 기억에 영감을 받아서, Dana는 다른 사람을 돕는 사람들의 그림들로 "서로를 감싸주세요"라는 미술관 행사를 만들었다. 그녀는 티켓 판매로 얻은 돈의 절반을 자연재해로 그들의 집을 잃은 가족들에게 기부했다. Dana는 하나의 친절한 행동이 누군가의 삶을 바꿀 수 있음을 상기시키는 것으로서 Becky의 메시지를 그녀의 사무실에 액자로 넣어두었다. 낯선 한 사람의 친절이 그녀의 길을 만들었고, 그녀는 그것이 계속해서 세상을 만들어가도록 했다.

2025 고1 6월 모의고사 ❷ 회차 : : 점 / 227점

❶ voca ❷ text ❸ [/] ❹ _____ ❺ quiz 1 ❻ quiz 2 ❼ quiz 3 ❽ quiz 4 ❾ quiz 5

18

Dear Dog Owners,

My name is Lily Paxton, and I'm the town's Pet Program Coordinator. As part of our goal to make the community [less / more]1) dog-friendly, we recently [opened / were opened]2) a new dog park. The park [was / x]3) designed to provide an enjoyable experience for both dogs and owners. There are big grassy areas [where / which]4) your dogs can run, jump, and play. We have [combined / separate]5) spaces for small dogs and big dogs, to ensure safety. You'll also find lots of benches and areas for [rest / resting]6) and [stay / staying]7) cool. We hope you will have a wonderful time with your dogs in this [new / newly]8) opened park.

Regards,

Lily Paxton, Pet Program Coordinator

19

Maya [waited / was waited]9) in line to check in for her flight. Her expectations about her European backpacking trip [was / were]10) really high. She [had / has]11) been looking forward to the trip for a year. She couldn't wait to visit museums in Madrid and [see / seeing]12) the Eiffel Tower at night in Paris. As she stood in line, she could feel those experiences were finally so [close / closely]13). When she approached the counter, the airline [employee / employer]14) asked to see her passport. Maya reached into her pocket but felt [nothing / something]15). She realized she [had / has]16) left her passport at home. Her plans [were / x]17) ruined. She was heartbroken, [knowing / known]18) she could not board the flight and had to delay her dream trip.

20

People often ask me, "What surprises you most about habits?" One thing [that / what]19) continually astonishes me is the degree [in / to]20) which we're influenced by sheer convenience. The amount of effort, time, or decision making [required / requiring]21) by an action has a huge influence on habit formation. To a truly [remarkable / remarkably]22) extent, we're [less / more]23) likely to do something if it's convenient, and [less / more]24) likely if it's not. For this reason, we should [pay / be paid]25) close attention to the convenience of any activity we want to make into a habit. [Put / Putting]26) a wastebasket next to our front door made mail sorting slightly [less / more]27) convenient, and I stopped [procrastinating / to procrastinate]28) with this chore. Many people report [that / what]29) they do a much better job of staying close to distant family members now [that / what]30) tools like group chats make it easy to stay in touch.

21

It is common sense [that / what]31) people's inner beliefs [may / must]32) drive their external behavior. If you're attracted to a certain person, you should be [less / more]33) likely to socialize with that person. If you favor a brand of toothpaste, you're [less / more]34) likely to buy [it / them]35). Of course, our [external / internal]36) thoughts don't always predict our public behavior, but, overall, what we do obviously reflects [that / what]37) we think. But beliefs and behaviors are also related in a more [remarkable / remarkably]38) way. It turns out [that / what]39) the arrow is as likely to point in the reverse direction. As social psychologist David Myers observes, "If social psychology [had / has]40) taught us anything during the last 25 years, it is that we are likely not only to think ourselves into a way of acting but also to [act / acting]41) ourselves into a way of thinking."

22

[Imagine / Imagining]42) following the spirit of a silence vow into daily life. Challenge yourself to spend an entire day saying only [that / what]43) you absolutely must say. It's been [wide / widely]44) observed by behavioral psychology experts — and anyone who's ever been on a first date — [that / what]45) we too often tend to [treat / be treated]46) "conversation" as a game of waiting for our own turn to speak. We miss what's being said [because / because of]47) we're mentally rehearsing our next utterance. What if you could eliminate the idea that the next available minisilence is your next opening to express [whatever / wherever]48) is in your head? What if you were limited to, say, fifty spoken words tomorrow? I think you'd listen quite [different / differently]49). You'd attend quite carefully to every [word / words]50) you heard. You'd be attuned to [that / what]51) you must respond to. You might discover [that / what]52) the less you say, the more you hear.

23

Science is [concerned / concerning]53) with accumulating and understanding observations of the physical world. That understanding alone solves no problems. Individual people have to act on that understanding for [it / them]54) to help solve problems. For instance, science has found [that / what]55) regular exercise can lower your risk of heart disease. Knowing this fact is [interested / interesting]56), but it will do [nothing / something]57) for your personal health unless you act on it and actually exercise. And that's the hard part. [Read / Reading]58) an article about exercise is easy. [Get / Getting]59) into an actual routine of regular exercise is harder. In this sense, science really solves no problems at all. Problems are only solved [when / which]60) people take the knowledge provided by science and use [it / them]61). In fact, [many / much]62) of humanity's biggest problems are caused by lack of action, and not lack of knowledge.

24

We think we're being logical, objective, and rational — and therefore [**accurate** / **accurately**]63) in our analysis, judgment, and decisions. So we think that if [**other** / **the other**]64) people are logical, objective, and rational, they will agree with us and see what we see. But the opposite is the case. Every human brain is [**different** / **similar**]65). Everyone's life experience is [**different** / **similar**]66). Everyone's desires and knowledge [**are** / **is**]67) different. You might think you're being realistic — that is, that your ideas match reality, but that's [**impossible** / **possible**]68). It's only your interpretation of reality, [**which** / **in which**]69) will always be different from someone else's. When two nations play each other in the World Cup, the fans of each country [**criticize** / **are criticized**]70) the referees for missing all the infractions that [**the** / **x**]71) other team commits. Without fail, each fan base believes [**that** / **what**]72) the referees are biased against their team.

25

The graph above shows the online share of retail trade in [**selected** / **selecting**]73) European countries in 2018 and 2019. In 2019, the United Kingdom recorded the [**highest** / **lowest**]74) online share of retail trade, [**reached** / **reaching**]75) 19.2 percent. The Netherlands showed the [**largest** / **smallest**]76) increase in its online share of retail trade among the countries from 2018 to 2019, with a jump of over 6 percentage points. In 2018, Germany had a [**higher** / **lower**]77) online share of retail trade than the Netherlands, whereas, in 2019, Germany fell behind the Netherlands. In 2018, Germany's online share of retail trade [**was** / **were**]78) over three times higher than [**that** / **those**]79) of Spain. Among the five countries, Italy recorded the [**highest** / **lowest**]80) online share of retail trade in both 2018 and 2019.

26

Edward O. Wilson [**was** / **x**]81) born in Birmingham, Alabama, in 1929. In his early childhood, he became [**interested** / **interesting**]82) in nature and spent much time in the [**indoors** / **outdoors**]83). At age seven, he was partially blinded in a fishing accident; his [**gained** / **reduced**]84) sight led Wilson to the study of ants. He could not observe larger animals from a distance. Instead, he concentrated on [**bigger** / **smaller**]85) creatures he could study up close. After [**studied** / **studying**]86) evolutionary biology at the University of Alabama, Wilson transferred to Harvard University, [**where** / **which**]87) he became a professor in 1956. He never received a Nobel Prize — the prize didn't recognize research in the field of evolutionary biology. However, he [**was** / **x**]88) awarded the Crafoord Prize in 1990. Wilson, [**known** / **was known**]89) to some as the "modern-day Darwin", died at the age of 92 in Massachusetts.

29

Studies of experts provide insight into what it means to have deep and [flexible / flexibly]90) understanding. Experts in a particular domain [are / is]91) people who have deep, richly interconnected ideas about the world. They are not just good thinkers or people [who / whom]92) are exceptionally smart. Rather, experts [have / having]93) knowledge in a specific domain — such as chess, chemistry, or tennis — and are not generalists. However, experts do not just know "a bunch of facts." In fact, having expertise in a topic means [that / what]94) knowledge is organized into coherent frameworks, and the expert [understands / is understood]95) the interrelationship between facts and can [distinguish / be distinguished]96) which ideas are most central. This kind of deep but organized understanding allows for greater flexibility in learning and [facilitates / to facilitate]97) application across multiple contexts.

30

It is natural for people to [observe / be observed]98) happenings and then seek explanations for why those happenings occurred. But sometimes the reasoning is wrong because [of / x]99) one or more misconceptions. One of these [are / is]100) the ecological fallacy, where an argument claims [that / what]101) there is a causal relationship between two things merely [because / because of]102) they occur together. For example, in the 1950s it [was / x]103) found that crime rates were the highest in neighborhoods where immigrants were most numerous. Some people used this "co-occurrence" to argue [that / what]104) immigrants were a cause of crime. But a careful analysis of this situation [concealed / revealed]105) that immigrants were forced to live in neighborhoods [where / which]106) crime rates were already high ; they could [not / x]107) afford more expensive housing in safer neighborhoods. Immigrants themselves committed very few of the crimes. Unless you analyze the claim carefully, you would misinterpret the relationship and thereby [construct / constructing]108) a faulty belief.

31

In everyday life, we [use / are used]109) previous experience to predict where we should pay attention. Different environments [create / creating]110) different expectations. This was profoundly illustrated by the scientist Jared Diamond in his book Guns, Germs, and Steel. He describes an adventure [wandering / wondering]111) through the New Guinea jungle with native New Guineans. He relates [that / what]112) these natives tend to perform poorly at tasks Westerners [had / have]113) been trained to do since childhood. But they are hardly stupid. They can [detect / be detected]114) the most subtle changes in the jungle, good for following the tracks of a predator or for finding the way back home. They know [which / in which]115) insects to leave alone, know where food exists, can build and tear down shelters with ease. Diamond, who [had / has]116) never spent time in such places, has no ability to pay attention to these things. Were he to be tested on such tasks, he also would perform [poor / poorly]117).

32

Most entrepreneurs put in tremendous amounts of time and effort in creating and launching new products and services and then [**make** / **making**]118) the mistake of overpricing [**it** / **them**]119). They have created something they care deeply about, it's theirs, and this powerful sense of ownership [**distort** / **distorts**]120) their perception of value which causes them to [**overprice** / **be overpriced**]121) their products. While many of them are quick to realize [**that** / **what**]122) their initial prices are too high, not all these people are happy or willing to [**drop** / **increase**]123) their prices to make their products more attractive. And this can be a very costly mistake [**that** / **what**]124) may lead to the failure of their new business. [**When** / **Where**]125) you launch a new product or service, your priority should be to get [**deficient** / **sufficient**]126) market adoption as soon as possible and you should be ready to [**sacrifice** / **sacrificing**]127) your initial prices and profits to achieve this aim. Once you have strong sales volumes, you can [**decrease** / **increase**]128) your prices to maximize your profits.

33

In most respects, humans are one of a relatively small number of species [**that** / **what**]129) evolved a very different strategy of investing more energy to reproduce more slowly. Like apes and elephants, we mature at a leisurely pace, grow large bodies, and have few babies but [**devote** / **devoting**]130) much time and energy to [**raising** / **rising**]131) them well. This unusual strategy succeeds [**because** / **because of**]132) while apes and elephants produce [**fewer** / **more**]133) babies than mice, a larger percentage of their offspring survive to then reproduce. A house mouse can become a mother [**when** / **where**]134) she is just five weeks old, has four to ten pups per litter, and can have a new litter every two months over the course of her approximately twelvemonth life. However, the vast [**majority** / **minority**]135) of her pups die young. In contrast, a chimp or elephant mother does not reproduce until she is at least twelve years old, and she gives birth to only one infant every five or six [**year** / **years**]136) over the next thirty or so years. About half of these offspring make it to [**become** / **becoming**]137) parents.

34

When scientists make an important new discovery or experimentally prove some hypothesis, they do not, in general, keep [**that** / **those**]138) information to themselves so that they alone can consider its meaning and [**derive** / **be derived**]139) additional theories from it. Instead, they publish their results and make their data [**available** / **unavailable**]140) for inspection. This makes it possible for [**other** / **the other**]141) scientists to reconsider their data and possibly [**refuse** / **refute**]142) their conclusions. More important, though, it makes it possible for [**other** / **the other**]143) scientists to use that data to construct new hypotheses and [**perform** / **performing**]144) new experiments. The assumption is that society as a whole will end up [**know** / **knowing**]145) more if information is spread as widely as possible, rather than being limited to [**a** / **x**]146) few people. In a strict sense, every scientist depends on the work of [**other** / **the other**]147) scientists.

35

In the 1930s, the British psychologist Sir Frederic Bartlett [asked / was asked]148) people to listen to folktales from other countries and then recall these stories at a later date. As you might guess, [familiar / unfamiliar]149) stories were not remembered as well as [familiar / unfamiliar]150) stories. Surprisingly, however, errors in memory were [not / x]151) random. Rather, subjects often rewrote [different / similar]152) parts of the stories in their own minds — particularly the parts [that / what]153) made the least sense to them. Bartlett concluded [that / what]154) when facing problems, humans draw upon mental schemata, or shelves of stored knowledge in our brains, to [fill / be filled]155) in any minor gaps in our memories. Therefore, remembering is an [imaginative / imaginary]156) process that involves building upon past experiences.

36

History, people often say, repeats itself. And [look / looking]157) at the historical records of the ancient civilizations, some things do seem to happen again and again. Civilizations expand, get overextended, and then [collapse / collapsed]158) as in the cases of Rome, [which / in which]159) went under in 476 AD, and the British Empire, [which / in which]160) fell apart more than a thousand years later in the post – World War II era. But is this always the case? If so, archaeology would be pretty [bored / boring]161); one thing would happen again and again. But that's not what archaeologists see. Some civilizations end suddenly, like the Aztec and Inca, [conquered / conquering]162) by invaders in the 1520s AD. Those empires never had the chance to [collapse / be collapsed]163) as a result of overexpansion. So in the case of civilizations, "history repeats itself" [seems / doesn't seem]164) to be an oversimplification.

37

Stanford psychology professor Dr. Carol Dweck is the internationally [recognized / recognizing]165) pioneer of the concept of "growth mindset" as a way to continually grow, learn, and persevere in our efforts. Dweck found [that / what]166) kids who are told they're "smart" actually underperform in future tasks, by choosing [more difficult / easier]167) tasks to avoid evidence that they are not smart, which Dweck calls having a "fixed mindset." In contrast, Dweck found, kids who [are / x]168) praised not for their smarts but for their effort develop [that / what]169) Dweck calls a "growth mindset." They learn that their effort is [that / what]170) led to their success, and if they continue to try, over time they'll improve and achieve more things. These kids end up [take / taking]171) on tougher things, and feel better about themselves. "Emphasizing effort [give / gives]172) a child a variable that they can control," Dweck has explained.

38

To monitor our surroundings [are / is]173) to focus on what's [inside / outside]174) of ourselves: what we see, hear, smell, feel, and perhaps even taste. But sometimes what really marks a place is something [less / more]175) specific — a feeling within us. An interesting example [emerged / emerging]176) from a study of subway passenger behavior. Researchers trying to understand why people sit where they sit or stand where they stand in subway and metro trains examined the factors [that / what]177) shape the way riders used and navigated that space in [different / similar]178) situations. One of their findings involved the reasons many riders like to plant [them / themselves]179) close to the train's doors. Partly this was the [obvious / obviously]180) convenience of being able to exit more quickly. But it was shaped partly by a more [abstract / concrete]181) sensation — the desire to avoid the sometimes [comfortable / uncomfortable]182) feeling of accidentally making eye contact with seated passengers. We can't see feelings — but they're very real, and they [influence / are influenced]183) our experience of the world.

39

We have a 'diving reflex', like [other / the other]184) marine mammals. This means that special nerve endings on our faces, around the mouth and nose, [trigger / triggers]185) this reflex only when the [facial / facially]186) region goes under water. If we are in the water, with our head out in the air, there is no diving reflex. But if we sink just our face in a bowl of water, [during / while]187) the whole of the rest of our body is in the dry air, the diving reflex [is / x]188) triggered. It automatically closes down the airway, [reduced / reducing]189) the risk of swallowing water, and it narrows the small airpassages in the lungs. At the same time the heart rate is [slowed / slowing]190) down to half speed and blood is shunted to the vital organs, protecting [them / themselves]191) from the effects of the brief stop in breathing. By contrast, if a chimpanzee or a gorilla found itself in water with its face below the surface, it would panic, its heart would race and it would [quick / quickly]192) drown.

40

There is a [natural / naturally]193) assumption of truth, or a truth bias when humans communicate with one another. In other words, when we're listening to [others / the others]194) or reading their words, our automatic assumption is [that / what]195) the other person is telling the truth. This usually works out fine. If you ask someone where the restroom is located or if it's raining outside, you can safely [assume / assumed]196) that most people will not lie in their responses. Imagine how difficult it would be to converse with someone if you assumed [that / what]197) everything they were telling you was false! Indeed, questioning the truth of a statement and then [choose / choosing]198) not to believe it requires additional mental steps. For the most part, humans are "cognitive misers," [where / which]199) means we typically don't expend more mental effort than seems necessary in a given situation. It makes sense then, that when we see something online, even if it is fake, our default is to believe [it / them]200), at least at first.

41~42

Paying with plastic fundamentally changes the way we spend money, [altered / altering]201) the calculus of our financial decisions. When you buy something with cash, the purchase involves an actual loss — your wallet is [literal / literally]202) lighter. Credit cards, however, make the purchase [abstract / concrete]203), so that you don't really feel the downside of spending money. Brainimaging experiments suggest [that / what]204) paying with credit cards actually reduces activity in the insula, a brain region associated with [negative / positive]205) feelings. As George Loewenstein, a neuroeconomist at Carnegie Mellon, says, "The nature of credit cards ensures [that / what]206) your brain is anesthetized against the pain of payment." [Spend / Spending]207) money doesn't feel bad, so you spend more money. Consider this experiment: Drazen Prelec and Duncan Simester, two business professors at MIT, [organized / organizing]208) a real life, sealedbid auction for tickets to a Boston Celtics game. Half the participants in the auction [were / x]209) informed that they had to pay with cash; [the / x]210) other half were told they had to pay with credit cards. Prelec and Simester then averaged the bids for the two different groups. It turns out [that / what]211) the average credit card bid was twice as [high / low]212) as the average cash bid. When people used their credit cards, their bids were much more [careful / careless]213). They no longer felt the need to limit their expenses.

43~45

The sun shone in the cloudless sky as Becky, a retired teacher, [walked / walking]214) to the fruit market. Across town, Dana was riding a bus towards the museum for a job interview. Just before reaching her stop, Dana noticed the sky [had / has]215) suddenly darkened. Her heart sank — she had no umbrella. As she stepped off the bus next to the market, [where / which]216) Becky had just finished shopping, raindrops began to fall. Dana felt panic. She didn't want to show up to her interview [soaked / soaking]217). She looked around but couldn't find any stores nearby to buy an umbrella, and she didn't have time to search around. Just then, Becky approached her, holding an open umbrella in one hand and a closed one in [the / x]218) other. "Take this," she said with a smile. Dana's eyes widened. "Are you sure?" Becky nodded. "I always carry an extra on rainy days." Dana thanked her, [taking / took]219) the umbrella, and opened it. She saw a small card tied to the handle. It read: "Cover each other." She [was / x]220) touched by the message. She hurried to the museum, arriving dry and comfortable, and performed [good / well]221) in her interview. The Museum CEO was impressed by Dana and offered her the Event Manager position, her dream job. Throughout the years ahead, she often thought back to Becky's kind gesture. Inspired by the memory, Dana [created / was created]222) a museum event called "Cover Each Other" with paintings of people supporting [others / the others]223). She donated half of the money from ticket sales to families who lost their homes to [natural / naturally]224) disasters. Dana kept Becky's message framed in her office as a reminder [that / what]225) one kind gesture could change someone's life. The kindness of one stranger [had / has]226) shaped her path, and she made sure [it / they]227) continued to shape the world.

2025 고1 6월 모의고사   ❶ 회차   :   점 / 581점

❶ voca   ❷ text   ❸ [/]   ④ _____   ❺ quiz 1   ❻ quiz 2   ❼ quiz 3   ❽ quiz 4   ❾ quiz 5

18

Dear Dog Owners,

My name is Lily Paxton, and I'm the town's Pet Program Coordinator. As part of our g__________1) to make the c__________2) more dog-friendly, we r__________3) opened a new dog park. The park was d__________4) to p__________5) an enjoyable e__________6)for both dogs and o__________7). There are big g__________8) areas where your dogs can run, jump, and play. We have s__________9) spaces for small dogs and big dogs, to e__________10) safety. You'll also find lots of benches and areas for r__________11) and s__________12) cool. We hope you will have a wonderful time with your dogs in this n__________13) opened park.

Regards,

Lily Paxton, Pet Program Coordinator

친애하는 반려견 주인 여러분,
제 이름은 Lily Paxton이며, 저는 이 마을의 반려 동물 프로그램 코디네이터입니다. 이 지역 사회를 더욱 반려견 친화적으로 만들기 위한 목표의 일환으로, 저희는 최근에 새로운 반려견 공원을 개장했습니다. 이 공원은 반려견과 주인 모두에게 즐거운 경험을 제공하도록 설계되었습니다. 반려견들이 달리고, 점프하고, 놀 수 있는 넓은 잔디밭들이 있습니다. 안전을 보장하기 위해, 저희는 소형견과 대형견을 위한 별도의 공간을 마련했습니다. 여러분들은 휴식을 취하고 시 원하게 머물 수 있는 벤치들과 공간들도 많이 찾을 수 있을 것입니다. 저희는 새롭게 개장한 이 공원에서 여러분이 반려견과 함께 멋진 시간을 보내시길 바랍니다.
Lily Paxton, Pet Program Coordinator

19

Maya waited in line to c__________14) in for her f__________15). Her e__________16) about her European backpacking trip were really high. She had been looking f__________17) to the trip for a year. She couldn't w__________18) to visit museums in Madrid and see the Eiffel Tower at night in Paris. As she s__________19) in line, she could feel those experiences were finally so c__________20). When she a__________21) the counter, the airline e__________22) asked to see her passport. Maya r__________23) into her pocket but f__________24) nothing. She realized she had l__________25) her passport at home. Her plans were r__________26). She was heartbroken, knowing she could not b__________27) the flight and had to d__________28) her dream trip.

Maya는 비행기 탑승 수속을 위해 줄을 서서 기다리고 있었다. 유럽 배낭여행에 대한 그녀의 기대는 아주 높았다. 그녀는 일 년 동안 이 여행을 손꼽아 기다려 왔다. 그녀는 빨리 Madrid의 박물관들을 방문하고 Paris에서 밤에 Eiffel Tower를 보고 싶었다. 줄을 서 있는 동안, 그녀는 그 경험들이 마침내 정말 가까워졌다고 느꼈다. 그녀가 카운터에 다가갔을 때, 항공사 직원이 그녀의 여권을 보자고 요청했다. Maya는 주머니에 손을 넣었지만 아무것도 만져지지 않았다. 그녀는 여권을 집에 두고 온 것을 깨달았다. 그녀의 계획은 망쳐졌다. 그녀는 비행기에 탑승할 수 없고 꿈꿔왔던 여행을 연기해야 한다는 것을 깨달으며, 상심했다.

20

People often ask me, "What surprises you most about h__________29)?" One thing that continually a__________30) me is the d__________31) to which we're influenced by s__________32) c__________33). The amount of effort, time, or d__________34) making required by an action has a huge influence on habit f__________35). To a truly remarkable e__________36), we're more l__________37) to do something if it's convenient, and l__________38) likely if it's not. For this reason, we should pay c__________39) a__________40) to the convenience of any a__________41) we want to m__________42) into a habit. Putting a wastebasket n__________43) to our front door made mail s__________44) slightly more convenient, and I stopped p__________45) with this c__________46). Many people report that they do a much better job of s__________47) close to d__________48)family members now that t__________49) like group chats make it easy to stay in t__________50).

사람들은 종종 나에게, "습관에 관한 무엇이 당신을 가장 놀라게 하나요?"라고 묻는다. 나를 계속해서 놀라 게 하는 한 가지는 우리가 순전한 편리성에 의해 영향을 받는 정도이다. 행동에 의해 요구되는 노력, 시간, 또는 의사결정의 양이 습관 형성에 큰 영향을 미친다. 정말 놀라울 정도로, 우리는 어떤 일이 편리하다면 그것을 더 자주 할 것이고, 그렇지 않다면 덜 하게 될 것이다. 이런 이유로, 우리는 습관으로 만들고 싶은 행동의 편리성에 세심한 주의를 기울여야 한다. 현관문 옆에 쓰레기통을 두는 것이 우편물을 분류하는 일을 약간 더 편리하게 했고, 나는 이 일을 미루는 것을 멈추었다. 많은 사람들은 그룹 채팅 같은 도구들이 연락을 유지하는 것을 쉽게 만들어 주기 때문에 멀리 사는 가족들과 더 가까이 지내는 일을 훨씬 더 잘 한다고 말한다.

21

It is c__________51) sense that people's i__________52) b__________53) may d__________54) their e__________55) behavior. If you're a__________56) to a certain person, you should be more likely to s__________57) with that person. If you f__________58) a brand of toothpaste, you're more likely to b__________59) it. Of course, our internal thoughts don't always p__________60) our p__________61) behavior, but, overall, what we do obviously r__________62) what we t__________63). But beliefs and behaviors are also r__________64) in a more r__________65) way. It turns out that the a__________66) is as likely to p__________67) in the r__________68) direction. As social psychologist David Myers observes, "If social psychology has t__________69) us anything during the last 25 years, it is that we are likely not only to t__________70) ourselves into a way of a__________71) but also to a__________72) ourselves into a way of t__________73)."

사람들의 내적 신념이 그들의 외적인 행동을 이끌 수 있다는 것은 상식이다. 만약 당신이 어떤 사람에게 끌린다면, 당신은 그 사람과 더 어울리려고 할 것이다. 만 약 당신이 한 브랜드의 치약을 선호한다면, 당신이 그것을 구매할 가능성은 더 높다. 물론, 우리의 내적 사고 가 항상 공개적인 행동을 예측하지는 않지만, 전반적으로, 우리가 하는 것은 분명히 우리가 생각하는 바를 반영한다. 그러나 신념과 행동은 이보다 더 놀라운 방식으로도 관련이 있다. 화살이 반대 방향을 가리킬 가능성이 그만큼 높다는 것이 드러난다. 사회 심리학자 David Myers가 말한 바에 따르면, "지난 25년간 사회 심리학이 우리에게 가르쳐준 것이 있다면, 그것은 우리가 생각하여 행동 방식에 이를 뿐만 아니라 우리가 행동하여 사고 방식에 이를 가능성도 있다는 것이다."

22

Imagine following the spirit of a s__________74) vow into d__________75) life. C__________76) yourself to spend an entire day saying only what you a__________77) must say. It's been widely o__________78) by behavioral psychology experts —and anyone who's ever been on a first date—that we too often tend to t__________79) "conversation" as a game of w__________80) for our own t__________81) to speak. We m__________82) what's being s__________83) because we're mentally r__________84) our next u__________85). What if you could e__________86) the idea that the next a__________87) minisilence is your next o__________88) to e__________89) whatever is in your head? What if you were l__________90) to, say, fifty spoken words tomorrow? I think you'd l__________91) quite d__________92). You'd a__________93) quite carefully to every w__________94) you heard. You'd be a__________95) to what you must r__________96) to. You might discover that the l__________97) you say, the m__________98) you hear.

일상생활에서 침묵 서약의 정신을 따르는 것을 상상해 보라. 반드시 말해야 할 것만 말하는 데 하루 온종일을 보내는 것에 스스로 도전해 보라. 우리가 너무나 자주 "대화"를 자신이 말할 차례를 기다리는 게임처럼 여기는 경향이 있다는 것이 행동 심리학 전문가들 ― 그리고 첫 데이트를 해 본 적이 있는 누구든지 ― 에 의해 널리 관찰되어 왔다. 우리는 다음 발언을 머릿속으로 연습하느라 말해지고 있는 것을 놓친다. 만약 당신이 그 다음에 오는 작은 침묵이 당신의 머릿속에 있는 무엇이든지를 표현할 그 다음 시작이라는 생각을 없앨 수 있다면 어떨까? 내일 당신이 말을, 이를테면, 50단어로 제한받는다면 어떨까? 나는 당신이 매우 다르게 듣게 될 것이라고 생각한다. 당신은 당신이 듣는 모든 단어에 매우 신중히 귀를 기울이게 될 것이다. 당신이 반드 시 응답해야 할 것에 맞춰질 것이다. 당신은 말을 줄일수록, 더 많이 듣게 된다는 것을 발견할지도 모른다.

23

Science is concerned with a____________99) and understanding o__________100) of the p__________101) world. That understanding a__________102) solves no problems. Individual people have to a__________103) o__________104) that understanding for it to help s__________105) problems. For instance, science has found that r__________106) exercise can lower your r__________107) of heart disease. Knowing this fact is interesting, but it will do n__________108) for your personal health u__________109) you act on it and a__________110) exercise. And that's the h__________111) p__________112). Reading an article about exercise is e__________113). Getting into an actual r__________114) of regular exercise is h__________115). In this sense, science really solves no problems at all. Problems are only solved when people t__________116) the k__________117) provided by science and u__________118) it. In fact, many of humanity's biggest problems are caused by lack of a__________119), and not lack of k__________120).

과학은 물리적 세계에 대한 관찰을 축적하고 이해하는 것과 관련이 있다. 그 이해 단독으로는 어떠한 문제 도 해결하지 않는다. 개개인은 그것이 문제를 해결하는 것을 돕기 위해 그 이해를 행동으로 옮겨야 한다. 예를 들어, 과학은 규칙적인 운동이 심장병의 위험을 낮출 수 있다는 것을 발견했다. 이러한 사실을 아는 것은 흥미롭지만, 당신이 이를 행동으로 옮겨 실제로 운동하지 않는다면 그것은 당신의 개인 건강에 아무런 도움이 되지 않는다. 그리고 바로 이 점이 어려운 부분이다. 운동에 대한 기사를 읽는 것은 쉽다. 규칙적인 운동의 실제적인 루틴을 형성하는 것은 더 어렵다. 이러한 점에서, 과학은 사실 어떤 문제도 해결하지 않는다. 문제는 사람들이 과학에 의해 제공된 지식을 취하고 그것을 사용할 때만 해결된다. 실제로, 인류의 가장 큰 문제들 중 다수는 지식의 부족이 아니라, 행동의 부족에 의해 야기된다.

24

We think we're being l__________121), o__________122), and r__________123)—and therefore a__________124) in our analysis, j__________125), and decisions. So we think that if other people are logical, objective, and rational, they will a__________126) with us and see what we see. But the o__________127) is the c__________128). Every human brain is d__________129). Everyone's life e__________130) is different. Everyone's d__________131) and k__________132) are different. You might think you're being r__________133) — that is, that your ideas m__________134) reality, but that's i__________135). It's only your i__________136) of reality, which will always be different from someone else's. When two n__________137) play each o__________138) in the World Cup, the fans of each country c__________139) the r__________140) for missing all the i__________141) that the other team c__________142). Without fail, each fan base b__________143) that the referees are b__________144) a__________145) their team.

우리는 우리가 논리적이고 객관적이며 합리적이고 — 그러므로 분석, 판단, 그리고 결정에 있어서 정확하다고 생각한다. 따라서 우리는 다른 사람들이 논리적이고 객관적이며 합리적이라면, 그들이 우리에게 동의하고 우리가 보는 것을 볼 것이라고 생각한다. 하지만 그 반대가 사실이다. 모든 사람의 뇌는 다르다. 모두의 인생 경험은 다르다. 모두의 욕망과 지식은 다르다. 당신은 당신이 현실적이라고 — 즉, 당신의 생각이 현실과 일치한다고 생각할 수 있지만, 그것은 불가능하다. 그것은 현실에 대한 당신의 해석일 뿐이며, 다른 사람의 것과 항상 다를 것이다. World Cup에서 두 나라가 서로 경기를 할 때, 각 나라의 팬들은 상대 팀이 저지르는 모든 반칙을 놓친 것에 대해 심판들을 비난한다. 어김없이, 각 팬층은 심판이 자기 팀에 불리하게 편파적이라고 믿는다.

25

The graph above shows the online share of retail trade in s__________146) European countries in 2018 and 2019. In 2019, the United Kingdom r__________147) the h__________148) online share of retail trade, r__________149) 19.2 percent. The Netherlands showed the l__________150) increase in its online share of retail trade a__________151) the countries from 2018 to 2019, with a j__________152) of over 6 percentage points. In 2018, Germany had a h__________153) online share of retail trade than the Netherlands, w__________154), in 2019, Germany f__________155) b__________156) the Netherlands. In 2018, Germany's online share of retail trade was over three t__________157) higher than t__________158) of Spain. Among the five countries, Italy r__________159) the lowest online share of retail trade in b__________160) 2018 and 2019.

위 그래프는 선정된 유럽 국가들에서 2018년과 2019 년에 소매 거래에서의 온라인 점유율을 보여준다. 2019 년에, 영국은 19.2퍼센트에 달하며, 소매 거래에서 가장 높은 온라인 점유율을 기록하였다. 네덜란드는 2018년부터 2019년까지 소매 거래에서의 온라인 점유율이 6퍼센트포인트 넘게 증가하여, 국가들 중 가장 큰 증가를 보였다. 2018년에는, 독일은 네덜란드보다 소매 거래에서 더 높은 온라인 점유율을 가졌으나, 2019년에는, 독일은 네덜란드에 뒤처졌다. 2018년에, 독일의 소매 거래에서의 온라인 점유율은 스페인의 그것보다 세 배 넘게 높았다. 다섯 국가들 중, 이탈리아는 2018 년과 2019년 모두 소매 거래에서 가장 낮은 온라인 점유율을 기록하였다.

26

Edward O. Wilson was born in Birmingham, Alabama, in 1929. In his e_________161) childhood, he became i_________162) in nature and s_________163) much time in the o_________164). At age seven, he was p_________165) blinded in a fishing accident; his r_________166) s_________167) led Wilson to the s_________168) of ants. He could not o_________169) larger animals from a d_________170). Instead, he c_________171) on smaller c_________172) he could study up c_________173). After studying evolutionary biology at the University of Alabama, Wilson t_________174) to Harvard University, where he became a professor in 1956. He never r_________175) a Nobel Prize —the prize didn't r_________176) research in the f_________177) of evolutionary biology. However, he was a_________178) the Crafoord Prize in 1990. Wilson, known to some as the " m_________179)–day Darwin", died at the age of 92 in Massachusetts.

Edward O. Wilson은 1929년 Alabama주 Birmingham에서 태어났다. 어린 시절에, 그는 자연에 관심을 갖게 되었고 야외에서 많은 시간을 보냈다. 7살 때, 그는 낚시 사고로 부분적으로 실명했고; 그의 좁아진 시야는 Wilson을 개미 연구로 이끌었다. 그는 멀리서 더 큰 동물을 관찰할 수 없었다. 대신, 그는 가까이에서 연구할 수 있는 더 작은 생물에 집중했다. Alabama 대학에서 진화 생물학을 공부한 후, Wilson은 Harvard 대학으로 옮겼고, 그곳에서 1956년에 교수가 되었다. 그는 Nobel Prize를 받지 못했다 — 그 상은 진화생물학 분야의 연구를 인정하지 않았다. 그러나, 그는 1990년에 Crafoord Prize를 수상하였다. 몇몇에게 "현대의 Darwin"으로 알 려진 Wilson은 Massachusetts에서 92세에 사망했다.

29

Studies of e_________180) provide i_________181) into what it means to have deep and f_________182) understanding. Experts in a particular d_________183) are people who have deep, richly i_________184) ideas about the world. They are not just good t_________185) or people who are e_________186) smart. Rather, experts have knowledge in a s_________187) domain—such as chess, chemistry, or tennis —and are not g_________188). However, experts do not just know "a b_________189) of facts." In fact, having e_________190) in a t_________191) means that knowledge is o_________192) into c_________193) f_________194), and the expert understands the i_________195) between facts and can d_________196) which i_________197) are most c_________198). This kind of deep but o_________199) understanding allows for greater f_________200) in learning and f_________201) a_________202) across multiple c_________203).

전문가에 대한 연구는 깊고 유연한 이해를 가지는 것이 무엇을 의미하는지에 대한 통찰을 제공한다. 특정 분야의 전문가는 세상에 대해 깊고 풍부하게 상호 연결된 생각을 가진 사람들이다. 그들은 단순히 생각을 잘 하는 사람이거나 유난히 똑똑한 사람이 아니다. 오히려, 전문가는 특정 분야 — 체스, 화학, 또는 테니스와 같은 — 에서 지식을 가지고 있고, 다방면의 지식을 가진 사람이 아니다. 그러나, 전문가는 "많은 사실"을 알기만 하는 것은 아니다. 사실, 한 주제에 대한 전문성이 있다 는 것은 지식이 일관된 틀로 조직화되어 있고, 전문가가 사실 간의 상호 관계를 이해하고 어떤 아이디어가 가장 핵심적인지 구분할 수 있다는 것을 의미한다. 이러한 깊이 있으면서도 조직화된 이해는 학습에서의 더 큰 유연성을 가능하게 하고 다양한 맥락에 걸쳐 적용을 촉진한다.

30

It is n__________204) for people to observe h__________205) and then seek e__________206) for why those happenings o__________207). But sometimes the r__________208) is wrong because of one or more m__________209). One of these is the ecological f__________210), where an a__________211) claims that there is a c__________212) r__________213) between two things m__________214) because they occur t__________215). For example, in the 1950s it was found that crime r__________216) were the highest in n__________217) where i__________218) were most n__________219). Some people used this "c__________220)–occurrence" to argue that immigrants were a c__________221) of crime. But a careful a__________222) of this situation r__________223) that immigrants were f__________224) to live in neighborhoods where crime rates were a__________225) high ; they could not a__________226) more e__________227) housing in s__________228) neighborhoods. Immigrants themselves c__________229) very f__________230) of the crimes. U__________231) you analyze the claim carefully, you would m__________232) the r__________233) and thereby construct a f__________234) belief.

사람들이 사건들을 관찰하고 나서 왜 그런 사건들이 일어났는지에 대한 설명을 찾는 것은 당연하다. 그러나 때로는 하나 또는 그 이상의 오해로 인해 추론이 잘못된다. 그 중 하나는 생태학적 오류로, 여기서 논지는 두 가지가 함께 발생한다는 이유만으로 두 가지 사이에 인과 관계가 있다는 것이다. 예를 들어, 1950년대에 범죄율이 이민자가 가장 많은 지역에서 가장 높다는 것이 밝혀졌다. 일부 사람들은 이민자들이 범죄의 원인이라고 주장하기 위해서 이러한 "동시 발생"을 이용했다. 그러나 이 상황에 대한 면밀한 분석은 이민자들이 이미 범죄율이 높은 지역에 거주할 수밖에 없었다는 것을 밝혀냈다; 그들은 보다 안전한 지역의 더 비싼 주택을 살 여력이 없었다. 이민자 자신들은 범죄를 거의 저지르지 않았다. 그 주장을 주의 깊게 분석하지 않으면, 당신은 그 관계를 잘못 해석하여 잘못된 믿음을 형성할 수 있다.

31

In everyday life, we use p__________235) experience to p__________236) where we should pay a__________237). Different e__________238) create different e__________239). This was p__________240) illustrated by the scientist Jared Diamond in his book Guns, Germs, and Steel. He describes an adventure w__________241) through the New Guinea jungle with n__________242) New Guineans. He r__________243) that these natives tend to perform p__________244) at t__________245) Westerners have been t__________246) to do since c__________247). But they are h__________248) stupid. They can d__________249) the most s__________250) changes in the jungle, good for following the t__________251) of a predator or for finding the way back home. They know which insects to l__________252)alone, know where food e__________253), can build and t__________254) down s__________255) with e__________256). Diamond, who had never spent time in such places, has no a__________257) to p__________258) attention to these things. Were he to be t__________259) on such tasks, he also would p__________260) poorly.

일상생활에서, 우리는 어디에 집중해야 할지를 예측하기 위해 이전 경험을 사용한다. 다른 환경은 다른 기대를 만든다. 이것은 과학자 Jared Diamond에 의해 그의 저서인 Guns, Germs, and Steel에서 깊이 있게 설명되었다. 그는 New Guinea 정글을 New Guinea 원주민들과 함께 돌아다닌 모험을 묘사한다. 그는 서구인들이 어린 시절부터 훈련받아 온 과업을 이 원주민들이 잘 수행하지 못하는 경향이 있다고 말한다. 하지만 그들이 멍청한 것은 아니다. 그들은 정글에서 가장 미묘한 변화를 감지할 수 있는데, 이는 포식자의 흔적을 추적하거나 집으로 돌아오는 길을 찾는 데 유용하다. 그 들은 어느 곤충을 내버려 두어야 할지 알며, 어디에 음식이 있는지 알고, 피난처를 쉽게 만들고 철거할 수 있다. 그러한 장소에서 시간을 보내본 적이 없는 Diamond는 이러한 것들에 주의를 기울일 수 있는 능력이 없다. 그 가 그런 과업들에 대해 시험을 본다면, 그 역시 잘하지 못할 것이다.

32

Most entrepreneurs put in t__________261) amounts of time and effort in creating and l__________262) new products and services and then make the m__________263) of o__________264) them. They have created something they c__________265) deeply about, it's theirs, and this powerful sense of o__________266) d__________267) their p__________268) of value which c__________269) them to overprice their products. While many of them are q__________270) to realize that their i__________271) prices are too h__________272), not all these people are happy or w__________273) to d__________274) their prices to make their products more a__________275). And this can be a very c__________276) mistake that may lead to the f__________277) of their new b__________278). When you l__________279) a new product or service, your p__________280) should be to get s__________281) market a__________282) as s__________283) as possible and you should be ready to s__________284) your initial p__________285) and p__________286) to a__________287) this a__________288). Once you have s__________289) sales v__________290), you can i__________291) your prices to m__________292) your profits.

대부분의 기업가들은 새로운 제품과 서비스를 만들고 출시하는 데 엄청난 시간과 노력을 들이며, 그런 다음 그것들의 가격을 너무 비싸게 책정하는 실수를 저지른다. 그들은 자신이 매우 소중히 여기는 무언가를 만들었고, 그것은 그들의 것이며, 이 강한 소유감은 가치에 대한 그들의 인식을 왜곡시켜 그들의 제품 가격을 너무 높게 책정하게 만든다. 그들 중에 많은 이들은 그들의 초기 가격이 너무 높다는 것을 빠르게 깨닫기는 하지만, 이 모든 사람들이 그들의 제품을 더 매력적으로 만들기 위해 가격을 낮추는 것을 좋아하거나 내켜하지는 않는다. 그리고 이것은 그들의 새로운 사업의 실패를 초래할 수 있는 손해가 매우 큰 실수가 될 수 있다. 새로운 제품이나 서비스를 출시할 때, 당신의 우선순위는 가능한 빨리 충분한 시장 점유를 확보하는 것이어야 하며, 당신이 이 목표를 달성하기 위해서는 당신의 초기 가격과 수익을 희생할 준비가 되어 있어야 한다. 일단 당신이 높은 판매량을 확보하게 되면, 당신은 수익을 극대화하기 위해 가격을 인상할 수 있다.

33

In most respects, humans are one of a relatively s__________293) number of s__________294) that e__________295) a very different s__________296) of i__________297) more energy to r__________298) more s__________299). Like apes and elephants, we m__________300) at a l__________301) p__________302), grow large b__________303), and have f__________304) babies but d__________305) much time and energy to r__________306) them well. This u__________307) strategy s__________308) because while apes and elephants p__________309) fewer babies than mice, a l__________310) percentage of their o__________311) s__________312) to then reproduce. A house mouse can become a m__________313) when she is just five weeks old, has four to ten pups per l__________314), and can have a new litter every two months over the c__________315) of her approximately twelvemonth life. However, the vast m__________316) of her pups die y__________317). In contrast, a chimp or elephant mother does not reproduce u__________318) she is at least twelve years old, and she gives b__________319) to only one i__________320) every five or six years over the next thirty or so years. About half of these offspring m__________321) it to becoming p__________322).

대부분의 측면에서, 인간은 더 많은 에너지를 투자하여 더 천천히 번식하는 매우 다른 전략을 진화시킨 비 교적 소수의 종들 중 하나이다. 유인원과 코끼리와 마찬가지로, 우리는 천천히 성숙하고, 몸집을 크게 키우며, 새끼들을 적게 낳지만 그들을 잘 키우는 데 많은 시간과 에너지를 투자한다. 유인원과 코끼리는 생쥐보다 더 적은 수의 새끼를 낳지만, 그들의 새끼 중 더 높은 비율이 살아남아서 번식하기 때문에 이 특이한 전략은 성공한다. 생쥐는 생후 5주 만에 어미가 될 수 있으며, 한 배에서 4마리에서 10마리의 새끼를 낳고, 약 12개월의 생애 동안 2개월마다 새로운 새끼들을 낳을 수 있다. 그러나, 그의 새끼 대부분은 어릴 때 죽는다. 반면, 침팬지나 코끼리 어미는 최소 12살이 될 때까지 번식을 하지 않으며, 이후 30년 정도에 걸쳐 5년 또는 6년마다 단 한 마리의 새끼만 낳는다. 이러한 새끼 중 절반 정도가 부모가 되는 데 성공한다.

34

When scientists make an important new d__________323) or experimentally p__________324) some h__________325), they do not, in general, keep that information to t__________326) so that they a__________327) can c__________328) its meaning and d__________329) additional t__________330) from it. Instead, they p__________331) their r__________332) and make their data a__________333) for i__________334). This makes it possible for other scientists to r__________335) their data and possibly r__________336) their conclusions. More important, though, it makes it p__________337) for other scientists to use that data to c__________338) new hypotheses and p__________339) new e__________340). The assumption is that society as a w__________341) will e__________342) up k__________343) more if information is s__________344) as w__________345) as possible, rather than being l__________346) to a few people. In a s__________347) sense, every scientist d__________348) on the work of o__________349) scientists.

과학자들은 중요한 새로운 발견을 하거나 실험적으로 어떤 가설을 증명할 때, 일반적으로, 그들은 그것의 의 미를 혼자서 고려하고 그것으로부터 추가적인 이론을 도출할 수 있도록 그 정보를 자기만 가지고 있지 않는다. 대신에, 그들은 자신의 결과를 발표하고 그들의 데이터가 점검 가능하도록 한다. 이것은 다른 과학자들이 그들의 데이터를 재고하게 하고 어쩌면 그들의 결론을 반박하는 것을 가능하게 한다. 하지만, 더 중요한 것은 이것이 다른 과학자들이 새로운 가설들을 세우고 새로운 실험들을 수행하기 위하여 그 데이터를 사용하는 것을 가능하도록 한다는 것이다. 가정은 만약 정보가 소수의 사람들에게 제한되기보다 가능한 한 널리 확산되면 결국 사회 전체가 더 많은 것을 알게 될 것이라는 것이다. 엄밀한 의미에서, 모든 과학자는 다른 과학자들의 연구에 의존한다.

35

In the 1930s, the British psychologist Sir Frederic Bartlett asked people to listen to f__________350) from other countries and then r__________351) these stories at a later d__________352). As you might guess, u__________353) stories were not r__________354) as well as f__________355) stories. Surprisingly, however, e__________356) in memory were not r__________357). Rather, s__________358) often r__________359) similar parts of the stories in their own minds—particularly the parts that made the l__________360) sense to them. Bartlett concluded that when f__________361) problems, humans d__________362) upon mental s__________363), or shelves of s__________364) knowledge in our brains, to f__________365) in any minor g__________366) in our memories. Therefore, remembering is an i__________367) process that involves b__________368) upon p__________369) e__________370).

1930년대에, 영국의 심리학자 Frederic Bartlett 경은 사람들에게 다른 나라의 민간 설화를 듣고 난 다음 나중에 이 이야기들을 기억해 내도록 요청했다. 당신이 아마 추측할 수 있듯이, 낯선 이야기는 익숙한 이야기만큼 잘 기억되지 않았다. 그러나 놀랍게도 기억의 오류들은 무작위적인 것이 아니었다. 오히려 피험자들은 자신의 마음 속에서 이야기의 비슷한 부분 — 특히 그들에게 가장 이해가 되지 않는 부분을 종종 다시 썼다. Bartlett은 문제에 직면할 때, 인간은 우리 기억의 사소한 틈을 메우기 위해 정신적 스키마타, 즉 뇌에 저장된 지식의 선반을 활용한다는 결론을 내렸다. 따라서, 기억하는 것은 과거의 경험을 기반으로 하는 것을 포함하는 상상의 과정이다.

36

History, people often say, r__________371) i__________372). And looking at the historical r__________373) of the a__________374) civilizations, some things do seem to happen again and again. Civilizations e__________375), get o__________376), and then c__________377) as in the cases of Rome, which went u__________378) in 476 AD, and the British Empire, which fell a__________379) more than a thousand years later in the post-World War II e__________380). But is this always the c__________381)? If so, a__________382) would be pretty b__________383); one thing would happen again and again. But that's not what archaeologists see. Some civilizations end s__________384), like the Aztec and Inca, c__________385) by i__________386) in the 1520s AD. Those e__________387) never had the c__________388) to c__________389) as a result of o__________390). So in the case of c__________391), "history repeats itself" seems to be an o__________392).

역사는, 사람들이 종종 말하길, 그 자체를 반복한다. 그리고 고대 문명의 역사적 기록들을 보면, 몇 가지 일들이 정말로 반복해서 일어나는 것처럼 보인다. 문명은 서기 476년에 멸망한 로마의 경우와, 천 년 이상 지난 후 제2차 세계 대전 이후에 해체된 대영제국의 사례에서처럼 확장하고, 과도하게 확장되다가, 결국 붕괴한다. 하지만 이것이 항상 그런가? 만약 그렇다면, 고고학은 꽤 지루할 것이다; 한 가지 일이 반복해서 일어날테니 말이다. 하지만 그것은 고고학자들이 보는 것이 아니다. 어떤 문명들은, 서기 1520년대에 침략자들에 의해 정복된 Aztec과 Inca처럼 갑작스럽게 끝난다. 그러한 제국들은 과도한 확장의 결과로 붕괴할 기회조차 없었다. 그래서 문명의 경우에, "역사는 그 자체를 반복한다"라는 말은 지나친 단순화로 보인다.

37

Stanford psychology professor Dr. Carol Dweck is the internationally recognized p__________393) of the c__________394) of "growth mindset" as a way to c__________395) grow, learn, and p__________396) in our efforts. Dweck found that kids who are t__________397) they're "smart" actually u__________398) in f__________399) tasks, by choosing e__________400) tasks to a__________401) e__________402) that they are not smart, which Dweck calls having a "f__________403) mindset." In contrast, Dweck found, kids who are p__________404) not for their smarts but for their e__________405) develop what Dweck calls a "growth mindset." They learn that their effort is what l__________406) to their s__________407), and if they c__________408) to t__________409), over time they'll i__________410) and a__________411) more things. These kids end up taking on t__________412) things, and feel better about t__________413). "E__________414) effort gives a child a v__________415) that they can c__________416)," Dweck has explained.

Stanford 심리학 교수인 Carol Dweck 박사는 우리의 노력에서 지속적으로 성장하고, 배우며, 인내할 수 있는 방법인 "성장 사고방식" 개념으로 국제적으로 인정받는 선구자이다. Dweck은 "똑똑하다"라는 말을 듣는 아이들은 그들이 똑똑하지 않다는 증거를 피하기 위해 더 쉬운 과제를 선택함으로써 실제로 미래 과제에서 기대에 못 미치는 성과를 낸다는 것을 발견했는데, Dweck은 이를 "고정 사고방식"을 가진 것으로 부른다. 반대로, Dweck은 똑똑함이 아닌 노력에 대해 칭찬 받는 아이들은 Dweck이 "성장 사고방식"이라 부르는 것을 발달시킨다는 것을 발견했다. 그들은 그들의 노력이 성공으로 이르게 한 것임을 배우고, 그들이 계속해서 노력한다면, 시간이 지나면서 발전하고 더 많은 것을 성취하게 될 것이다. 이 아이들은 결국 더 힘든 일을 받아들이고, 스스로에 대해 더 좋은 느낌을 갖게 된다. "노력을 강조하는 것은 아이에게 그들이 통제할 수 있는 변수를 제공한다."라고 Dweck은 설명했다.

38

To m__________417) our s__________418) is to focus on what's o__________419) of ourselves: what we see, hear, smell, feel, and perhaps even taste. But sometimes what really m__________420) a place is something less s__________421) —a f__________422) within us. An interesting example e__________423) from a study of subway passenger b__________424). Researchers trying to understand w__________425) people sit w__________426) they sit or stand where they stand in subway and metro trains examined the f__________427) that s__________428) the way riders used and n__________429) that s__________430) in different s__________431). One of their findings involved the reasons many riders like to p__________432) themselves c__________433) to the train's doors. Partly this was the obvious c__________434) of being able to e__________435) more quickly. But it was shaped partly by a more a__________436) s__________437) — the d__________438) to avoid the sometimes u__________439) feeling of a__________440) making eye contact with s__________441) passengers. We can't see feelings—but they're very r__________442), and they i__________443) our experience of the world.

우리 주변을 살피는 것은 우리 자신 바깥에 있는 것 에 집중하는 것이다: 우리가 보고, 듣고, 냄새 맡고, 느끼고, 어쩌면 맛보기도 하는 것. 그러나 때로는 어떤 장소를 진정으로 특징짓는 것은 덜 구체적인 것 — 우리 안에 있는 감정이다. 흥미로운 예가 지하철 승객 행동 에 관한 연구에서 나왔다. 지하철이나 전철에서 왜 사람들이 그들이 앉는 곳에 앉거나 그들이 서는 곳에 서는지를 이해하려고 노력하는 연구자들은 다양한 상황에 서 승객들이 그 공간을 사용하고 탐색하는 방식을 형성하는 요인들을 조사했다. 연구 결과 중 하나는 많은 승객들이 기차의 문 근처에 자리 잡기를 좋아하는 이유들과 관련이 있었다. 부분적으로 이것은 더 빨리 내릴 수 있다는 명확한 편리함 때문이었다. 그러나 이는 부분적으로 더 추상적인 느낌 — 앉아 있는 승객들과 우연히 눈이 마주치는 때때로 불편한 느낌을 피하려는 욕구에 의해 형성되었다. 우리는 감정들을 볼 수 없다 — 그러나 그것들은 매우 실재하고, 그것들은 세상에 대한 우리의 경험에 영향을 미친다.

39

We have a 'diving reflex', like other marine m__________444). This means that special n__________445) endings on our faces, around the mouth and nose, t__________446) this reflex only when the f__________447) r__________448) goes under water. If we are in the water, with our head o__________449) in the air, there is n__________450) diving reflex. But if we s__________451) just our face in a bowl of water, while the whole of the r__________452) of our body is in the d__________453) air, the diving reflex is t__________454). It a__________455) c__________456) down the a__________457), reducing the r__________458) of s__________459) water, and it n__________460) the small a__________461) in the lungs. At the same time the heart r__________462) is s__________463) down to half speed and blood is s__________464) to the v__________465) organs, p__________466) them from the effects of the b__________467) stop in b__________468). By contrast, if a chimpanzee or a gorilla f__________469) itself in water with its face b__________470) the s__________471), it would p__________472), its heart would r__________473) and it would quickly d__________474).

우리는 다른 해양 포유류처럼 '잠수 반사'를 가지고 있다. 이것은 입과 코 주변의 얼굴에 있는 특수 신경 말단이 얼굴 부위가 물 아래에 들어갈 때만 이 반사를 유발한다는 것을 의미한다. 만약 우리가, 머리는 공기 중에 있는 상태로, 물속에 있으면 잠수 반사는 없다. 하지만 만약 우리가 그릇의 물속에 얼굴만 가라앉히고, 나머지 몸 전체는 물기가 없는 공기 중에 있으면, 잠수 반사가 유발된다. 이것은 기도를 자동으로 닫아, 물을 삼킬 위험을 줄이고, 폐 속의 작은 공기 통로를 좁힌다. 동시에 심박수가 절반 속도로 느려지고 혈액이 중요한 장기들로 보내져, 짧은 호흡 정지로 인한 영향으로부터 그것들을 보호한다. 반면, 침팬지나 고릴라가 표면 아래에 얼굴이 있는 상태로 물속에 있는 자신을 발견하면, 그것은 당황하여, 그것의 심장이 빨리 뛰고 금방 익사할 것이다.

40

There is a natural a__________475) of truth, or a truth b__________476) when humans c__________477) with one another. In other words, when we're l__________478) to others or r__________479) their words, our a__________480) assumption is that the other person is t__________481) the t__________482). This usually works out f__________483). If you ask someone where the restroom is l__________484) or if it's raining outside, you can s__________485) assume that most people will not l__________486) in their r__________487). Imagine how d__________488) it would be to c__________489) with someone if you assumed that everything they were telling you was f__________490)! Indeed, q__________491) the truth of a s__________492) and then choosing not to b__________493) it requires a__________494) mental s__________495). For the most part, humans are "c__________496) misers," which means we typically don't e__________497) more mental e__________498) than seems n__________499) in a g__________500) situation. It makes sense then, that when we see something online, even if it is f__________501), our d__________502) is to believe it, at least at f__________503).

인간이 서로 소통할 때 진실에 대한 자연스러운 가정, 즉 진실 편향이 있다. 다시 말해, 우리가 다른 사람의 말을 듣거나 그들의 글을 읽을 때, 우리의 자동적인 가정은 상대방이 진실을 말하고 있다는 것이다. 이는 보통 잘 작동한다. 만약 당신이 누군가에게 화장실이 어디 있는지나 밖에 비가 오고 있는지를 물어본다면, 당신은 대부분의 사람들이 그들의 응답에서 거짓말을 하지 않을 것이라고 확신하며 가정할 수 있다. 만약 당신이 그들이 당신에게 말하는 모든 것이 거짓이라고 가 정한다면 누군가와 대화하는 것이 얼마나 어려울지 상상해 보라! 정말로, 어떤 진술의 진실성에 의문을 제기하고 그것을 믿지 않는 것을 선택하는 것은 추가적인 정신적인 단계를 요구한다. 대부분의 경우, 인간은 "인지적 구두쇠"이고, 이는 우리가 주어진 상황에서 필요한 것처럼 보이는 것보다 더 많은 정신적인 노력을 전형적 으로 기울이지 않는다는 것을 의미한다. 그렇다면 우리 가 온라인에서 무언가를 볼 때, 비록 그것이 가짜라고 해도, 우리의 기본값은, 적어도 처음에는, 그것을 믿는 것임이 일리가 있다.

41~42

P__________504) with plastic f____________505) changes the way we s__________506) money, a__________507) the c__________508) of our f__________509) decisions. When you buy something with c__________510), the p__________511) involves an actual l__________512)—your wallet is literally l__________513). Credit cards, however, make the purchase a__________514), so that you don't really feel the d__________515) of spending money. Brainimaging experiments suggest that paying with credit cards actually r__________516) a__________517) in the insula, a brain r__________518) associated with n__________519) feelings. As George Loewenstein, a neuroeconomist at Carnegie Mellon, says, "The n__________520) of credit cards e__________521) that your brain is a__________522) against the p__________523) of payment." S__________524) money doesn't feel bad, so you spend m__________525) money. Consider this experiment: Drazen Prelec and Duncan Simester, two business professors at MIT, o__________526) a real life, s__________527) bid a__________528) for tickets to a Boston Celtics game. Half the p__________529) in the auction were i__________530) that they had to pay with c__________531); the o__________532) half were told they had to pay with credit cards. Prelec and Simester then a__________533) the bids for the two d__________534) groups. It t__________535) out that the average credit card bid was twice as h__________536) as the average cash bid. When people used their credit cards, their bids were much more c__________537). They no longer felt the n__________538) to l__________539) their e__________540).

신용카드로 지불하는 것은 우리가 돈을 소비하는 방식을 근본적으로 바꾸며, 우리의 재정적 결정에 대한 계산법을 변화시킨다. 당신이 무언가를 현금으로 구매할 때, 그 구매는 실제 손실을 수반한다 — 당신의 지갑 이 말 그대로 더 가벼워진다. 하지만, 신용카드는 구매를 추상화시켜, 당신은 돈을 소비하는 것의 부정적인 면을 실제로 느끼지 못한다. 뇌 영상 실험은 신용카드로 지불하는 것이 부정적인 감정과 관련된 뇌 영역인 뇌섬엽에서의 활동을 실제로 감소시킨다는 것을 보여준다. Carnegie Mellon의 신경경제학자 George Loewenstein 이 말하듯이, "신용카드의 본질은 당신의 뇌가 지불의 고통에 대해 마비되는 것을 확실하게 한다." 돈을 쓰는 것이 나쁘게 느껴지지 않아서, 당신은 더 많은 돈을 쓴다. 이 실험을 생각해 보자: MIT의 두 경영학 교수인 Drazen Prelec과 Duncan Simester는 Boston Celtics 경기 티켓을 위한 실재의 봉인 입찰 경매를 준비했다. 경매에 참여한 사람들 중 절반은 현금으로 지불해야 한다는 말을 들었고; 나머지 절반은 신용카드로 지불해야 한다는 말을 들었다. 그러고 나서 Prelec과 Simester는 다른 두 집단의 입찰가의 평균을 냈다. 평균 신용카드 입찰 금액은 평균 현금 입찰 금액의 두 배만큼 높은 것 으로 나타났다. 사람들이 신용카드를 사용할 때, 그들의 입찰은 훨씬 더 무모했다. 그들은 더 이상 지출을 억제해야 할 필요성을 느끼지 못했다.

43~45

The sun s__________541) in the cloudless sky as Becky, a retired teacher, walked to the fruit market. Across town, Dana was riding a bus t__________542) the museum for a job i__________543). Just before r__________544) her stop, Dana n__________545) the sky had suddenly d__________546). Her heart s__________547)—she had no umbrella. As she s__________548) off the bus next to the market, where Becky had just f__________549) shopping, raindrops began to fall. Dana felt p__________550). She didn't want to s__________551) up to her interview s__________552). She looked around but couldn't find any stores n__________553) to buy an umbrella, and she didn't have time to s__________554) around. Just then, Becky a__________555) her, holding an open umbrella in one hand and a closed one in the other. "T__________556) this," she said with a smile. Dana's eyes widened. "Are you sure?" Becky nodded. "I always carry an e__________557) on rainy days." Dana thanked her, took the umbrella, and opened it. She saw a small card t__________558) to the handle. It read: "Cover each other." She was t__________559) by the message. She h__________560) to the museum, a__________561) dry and c__________562), and p__________563) well in her interview. The Museum CEO was i__________564) by Dana and o__________565) her the Event Manager p__________566), her dream job. T__________567) the years ahead, she often thought back to Becky's kind g__________568). Inspired by the memory, Dana created a museum event called "C__________569) Each Other" with paintings of people s__________570) others. She donated half of the money from ticket s__________571) to families who lost their homes to natural disasters. Dana kept Becky's message f__________572) in her office as a r__________573) that one k__________574) gesture could c__________575) someone's life. The k__________576) of one s__________577) had s__________578) her p__________579), and she made s__________580) it c__________581) to shape the world.

퇴직한 교사인 Becky가 과일 시장으로 걸어갈 때, 태양은 구름 한 점 없는 하늘에서 빛났다. 도시를 가로질러, Dana는 취업 면접을 위해 버스를 타고 미술관으로 가고 있었다. 그녀가 내릴 정류장에 다다르기 직전에, Dana는 하늘이 갑자기 어두워진 것을 알아챘다. 그녀는 가슴이 철렁했다 — 그녀는 우산이 없었다. Becky가 장보기를 막 끝낸 시장 옆에서 그녀가 버스에서 내렸을 때, 빗방울이 떨어지기 시작했다. Dana는 당황했다. 그녀는 흠뻑 젖어서 면접에 나타나고 싶지 않았다. 그녀는 주위를 둘러보았지만 우산을 구매할 만한 어떤 가게도 근처에서 찾을 수 없었고, 주변을 찾아볼 시간도 없었다. 바로 그때, Becky가 한 손에는 펼친 우산을 다른 손에는 접힌 것을 들고서, 그녀에게 다가왔다. "이거 받아요," 그녀가 미소를 지으며 말했다. Dana의 눈이 커졌다. "정말이세요?" Becky는 고개를 끄덕였다. "저는 비 오는 날에 항상 여분 하나를 가지고 다녀요." Dana는 그녀에게 고마워했고, 우산을 받아, 그것을 펼쳤다. 그녀는 손잡이에 묶인 작은 카드를 보았다. 그것에는 "서로를 감싸주세요."라고 적혀 있었다. 그녀는 그 메시지에 감동받았다. 그녀는 미술관에 서둘러 갔고, 마른 채로 편안하게 도착해서, 인터뷰에서 잘 해냈다. 미술관 CEO는 Dana에 의해 감명받았고, 그녀에게 그녀의 꿈의 직업인, 이벤트 매니저직을 제시했다. 향후 몇 년 동안, 그녀는 종종 Becky의 친절한 행동을 떠올렸다. 그 기억에 영감을 받아서, Dana는 다른 사람을 돕는 사람들의 그림들로 "서로를 감싸주세요"라는 미술관 행사를 만들었다. 그녀는 티켓 판매로 얻은 돈의 절반을 자연재해로 그들의 집을 잃은 가족들에게 기부했다. Dana는 하나의 친절한 행동이 누군가의 삶을 바꿀 수 있음을 상기시키는 것으로서 Becky의 메시지를 그녀의 사무실에 액자로 넣어두었다. 낯선 한 사람의 친절이 그녀의 길을 만들었고, 그녀는 그것이 계속해서 세상을 만들어가도록 했다.

2025 고1 6월 모의고사 ❷ 호차 : 점 / 581점

❶ voca ❷ text ❸ [/] ④ _____ ❺ quiz 1 ❻ quiz 2 ❼ quiz 3 ❽ quiz 4 ❾ quiz 5

18

Dear Dog Owners,

My name is Lily Paxton, and I'm the town's Pet Program Coordinator. As part of our g__________1) to make the c__________2) more dog-friendly, we r__________3) opened a new dog park. The park was d__________4) to p__________5) an enjoyable e__________6)for both dogs and o__________7). There are big g__________8) areas where your dogs can run, jump, and play. We have s__________9) spaces for small dogs and big dogs, to e__________10) safety. You'll also find lots of benches and areas for r__________11) and s__________12) cool. We hope you will have a wonderful time with your dogs in this n__________13) opened park.

Regards,

Lily Paxton, Pet Program Coordinator

19

Maya waited in line to c__________14) in for her f__________15). Her e__________16) about her European backpacking trip were really high. She had been looking f__________17) to the trip for a year. She couldn't w__________18) to visit museums in Madrid and see the Eiffel Tower at night in Paris. As she s__________19) in line, she could feel those experiences were finally so c__________20). When she a__________21) the counter, the airline e__________22) asked to see her passport. Maya r__________23) into her pocket but f__________24) nothing. She realized she had l__________25) her passport at home. Her plans were r__________26). She was heartbroken, knowing she could not b______27) the flight and had to d__________28) her dream trip.

20

People often ask me, "What surprises you most about h__________29)?" One thing that continually a__________30) me is the d__________31) to which we're influenced by s__________32) c__________33). The amount of effort, time, or d__________34) making required by an action has a huge influence on habit f__________35). To a truly remarkable e__________36), we're more l__________37) to do something if it's convenient, and l__________38) likely if it's not. For this reason, we should pay c__________39) a__________40) to the convenience of any a__________41) we want to m__________42) into a habit. Putting a wastebasket n__________43) to our front door made mail s__________44) slightly more convenient, and I stopped p__________45) with this c__________46). Many people report that they do a much better job of s__________47) close to d__________48)family members now that t__________49) like group chats make it easy to stay in t__________50).

21

It is c__________51) sense that people's i__________52) b__________53) may d__________54) their e__________55) behavior. If you're a__________56) to a certain person, you should be more likely to s__________57) with that person. If you f__________58) a brand of toothpaste, you're more likely to b__________59) it. Of course, our internal thoughts don't always p__________60) our p__________61) behavior, but, overall, what we do obviously r__________ _62) what we t__________63). But beliefs and behaviors are also r__________64) in a more r__________65) way. It turns out that the a__________66) is as likely to p__________67) in the r__________68) direction. As social psychologist David Myers observes, "If social psychology has t__________69) us anything during the last 25 years, it is that we are likely not only to t__________70) ourselves into a way of a__________71) but also to a__________72) ourselves into a way of t__________73)."

22

Imagine following the spirit of a s__________74) vow into d__________75) life. C__________76) yourself to spend an entire day saying only what you a__________77) must say. It's been widely o__________78) by behavioral psychology experts —and anyone who's ever been on a first date—that we too often tend to t__________79) "conversation" as a game of w__________80) for our own t__________81) to speak. We m__________82) what's being s__________83) because we're mentally r__________84) our next u__________85). What if you could e__________86) the idea that the next a__________87) minisilence is your next o__________88) to e__________89) whatever is in your head? What if you were l__________90) to, say, fifty spoken words tomorrow? I think you'd l__________91) quite d__________92). You'd a__________93) quite carefully to every w__________94) you heard. You'd be a__________95) to what you must r__________96) to. You might discover that the l__________97) you say, the m__________98) you hear.

23

Science is concerned with a__________99) and understanding o__________100) of the p__________101) world. That understanding a__________102) solves no problems. Individual people have to a__________103) o__________104) that understanding for it to help s__________105) problems. For instance, science has found that r__________106) exercise can lower your r__________107) of heart disease. Knowing this fact is interesting, but it will do n__________108) for your personal health u__________109) you act on it and a__________110) exercise. And that's the h__________111) p__________112). Reading an article about exercise is e__________113). Getting into an actual r__________114) of regular exercise is h__________115). In this sense, science really solves no problems at all. Problems are only solved when people t__________116) the k__________117) provided by science and u__________118) it. In fact, many of humanity's biggest problems are caused by lack of a__________119), and not lack of k__________120).

24

We think we're being l__________121), o__________122), and r__________123)—and therefore a__________124) in our analysis, j__________125), and decisions. So we think that if other people are logical, objective, and rational, they will a__________126) with us and see what we see. But the o__________127) is the c__________128). Every human brain is d__________129). Everyone's life e__________130) is different. Everyone's d__________131) and k__________132) are different. You might think you're being r__________133) — that is, that your ideas m__________134) reality, but that's i__________135). It's only your i___________136) of reality, which will always be different from someone else's. When two n__________137) play each o__________138) in the World Cup, the fans of each country c__________139) the r__________140) for missing all the i__________141) that the other team c__________142). Without fail, each fan base b__________143) that the referees are b__________144) a__________145) their team.

25

The graph above shows the online share of retail trade in s__________146) European countries in 2018 and 2019. In 2019, the United Kingdom r__________147) the h__________148) online share of retail trade, r__________149) 19.2 percent. The Netherlands showed the l__________150) increase in its online share of retail trade a__________151) the countries from 2018 to 2019, with a j__________152) of over 6 percentage points. In 2018, Germany had a h__________153) online share of retail trade than the Netherlands, w__________154), in 2019, Germany f__________155) b__________156) the Netherlands. In 2018, Germany's online share of retail trade was over three t__________157) higher than t__________158) of Spain. Among the five countries, Italy r__________159) the lowest online share of retail trade in b__________160) 2018 and 2019.

26

Edward O. Wilson was born in Birmingham, Alabama, in 1929. In his e__________161) childhood, he became i__________162) in nature and s__________163) much time in the o__________164). At age seven, he was p__________165) blinded in a fishing accident; his r__________166) s__________167) led Wilson to the s__________168) of ants. He could not o__________169) larger animals from a d__________170). Instead, he c__________171) on smaller c__________172) he could study up c__________173). After studying evolutionary biology at the University of Alabama, Wilson t__________174) to Harvard University, where he became a professor in 1956. He never r__________175) a Nobel Prize —the prize didn't r__________176) research in the f__________177) of evolutionary biology. However, he was a__________178) the Crafoord Prize in 1990. Wilson, known to some as the " m________179)-day Darwin", died at the age of 92 in Massachusetts.

29

Studies of e__________180) provide i__________181) into what it means to have deep and f__________182) understanding. Experts in a particular d__________183) are people who have deep, richly i__________184) ideas about the world. They are not just good t__________185) or people who are e__________186) smart. Rather, experts have knowledge in a s__________187) domain—such as chess, chemistry, or tennis —and are not g__________188). However, experts do not just know "a b__________189) of facts." In fact, having e__________190) in a t__________191) means that knowledge is o__________192) into c__________193) f__________194), and the expert understands the i__________195) between facts and can d__________196) which i__________197) are most c__________198). This kind of deep but o__________199) understanding allows for greater f__________200) in learning and f__________201) a__________202) across multiple c__________203).

30

It is n__________204) for people to observe h__________205) and then seek e__________206) for why those happenings o__________207). But sometimes the r__________208) is wrong because of one or more m__________209). One of these is the ecological f__________210), where an a__________211) claims that there is a c__________212) r__________213) between two things m__________214) because they occur t__________215). For example, in the 1950s it was found that crime r__________216) were the highest in n__________217) where i__________218) were most n__________219). Some people used this "c__________220)–occurrence" to argue that immigrants were a c__________221) of crime. But a careful a__________222) of this situation r__________223) that immigrants were f__________224) to live in neighborhoods where crime rates were a__________225) high ; they could not a__________226) more e__________227) housing in s__________228) neighborhoods. Immigrants themselves c__________229) very f__________230) of the crimes. U__________231) you analyze the claim carefully, you would m__________232) the r__________233) and thereby construct a f__________234) belief.

31

In everyday life, we use p__________235) experience to p__________236) where we should pay a__________237). Different e__________238) create different e__________239). This was p__________240) illustrated by the scientist Jared Diamond in his book Guns, Germs, and Steel. He describes an adventure w__________241) through the New Guinea jungle with n__________242) New Guineans. He r__________243) that these natives tend to perform p__________244) at t__________245) Westerners have been t__________246) to do since c__________247). But they are h__________248) stupid. They can d__________249) the most s__________250) changes in the jungle, good for following the t__________251) of a predator or for finding the way back home. They know which insects to l__________252)alone, know where food e__________253), can build and t__________254) down s__________255) with e__________256). Diamond, who had never spent time in such places, has no a__________257) to p__________258) attention to these things. Were he to be t__________259) on such tasks, he also would p__________260) poorly.

32

Most entrepreneurs put in t__________261) amounts of time and effort in creating and l__________262) new products and services and then make the m__________263) of o__________264) them. They have created something they c__________265) deeply about, it's theirs, and this powerful sense of o__________266) d__________267) their p__________268) of value which c__________269) them to overprice their products. While many of them are q__________270) to realize that their i__________271) prices are too h__________272), not all these people are happy or w__________273) to d__________274) their prices to make their products more a__________275). And this can be a very c__________276) mistake that may lead to the f__________277) of their new b__________278). When you l__________279) a new product or service, your p__________280) should be to get s__________281) market a__________282) as s__________283) as possible and you should be ready to s__________284) your initial p__________285) and p__________286) to a__________287) this a__________288). Once you have s__________289) sales v__________290), you can i__________291) your prices to m__________292) your profits.

33

In most respects, humans are one of a relatively s__________293) number of s__________294) that e__________295) a very different s__________296) of i__________297) more energy to r__________298) more s__________299). Like apes and elephants, we m__________300) at a l__________301) p__________302), grow large b__________303), and have f__________304) babies but d__________305) much time and energy to r__________306) them well. This u__________307) strategy s__________308) because while apes and elephants p__________309) fewer babies than mice, a l__________310) percentage of their o__________311) s__________312) to then reproduce. A house mouse can become a m__________313) when she is just five weeks old, has four to ten pups per l__________314), and can have a new litter every two months over the c__________315) of her approximately twelvemonth life. However, the vast m__________316) of her pups die y__________317). In contrast, a chimp or elephant mother does not reproduce u__________318) she is at least twelve years old, and she gives b__________319) to only one i__________320) every five or six years over the next thirty or so years. About half of these offspring m__________321) it to becoming p__________322).

34

When scientists make an important new d__________323) or experimentally p__________324) some h__________325), they do not, in general, keep that information to t__________326) so that they a__________327) can c__________328) its meaning and d__________329) additional t__________330) from it. Instead, they p__________331) their r__________332) and make their data a__________333) for i__________334). This makes it possible for other scientists to r__________335) their data and possibly r__________336) their conclusions. More important, though, it makes it p__________337) for other scientists to use that data to c__________338) new hypotheses and p__________339) new e__________340). The assumption is that society as a w__________341) will e__________342) up k__________343) more if information is s__________344) as w__________345) as possible, rather than being l__________346) to a few people. In a s__________347) sense, every scientist d__________348) on the work of o__________349) scientists.

35

In the 1930s, the British psychologist Sir Frederic Bartlett asked people to listen to f__________350) from other countries and then r__________351) these stories at a later d__________352). As you might guess, u__________353) stories were not r__________354) as well as f__________355) stories. Surprisingly, however, e__________356) in memory were not r__________357). Rather, s__________358) often r__________359) similar parts of the stories in their own minds—particularly the parts that made the l__________360) sense to them. Bartlett concluded that when f__________361) problems, humans d__________362) upon mental s__________363), or shelves of s__________364) knowledge in our brains, to f__________365) in any minor g__________366) in our memories. Therefore, remembering is an i__________367) process that involves b__________368) upon p__________369) e__________370).

36

History, people often say, r__________371) i__________372). And looking at the historical r__________373) of the a__________374) civilizations, some things do seem to happen again and again. Civilizations e__________375), get o__________376), and then c__________377) as in the cases of Rome, which went u__________378) in 476 AD, and the British Empire, which fell a__________379) more than a thousand years later in the post-World War II e__________380). But is this always the c__________381)? If so, a__________382) would be pretty b__________383); one thing would happen again and again. But that's not what archaeologists see. Some civilizations end s__________384), like the Aztec and Inca, c__________385) by i__________386) in the 1520s AD. Those e__________387) never had the c__________388) to c__________389) as a result of o__________390). So in the case of c__________391), "history repeats itself" seems to be an o__________392).

37

Stanford psychology professor Dr. Carol Dweck is the internationally recognized p__________393) of the c__________394) of "growth mindset" as a way to c__________395) grow, learn, and p__________396) in our efforts. Dweck found that kids who are t__________397) they're "smart" actually u__________398) in f__________399) tasks, by choosing e__________400) tasks to a__________401) e__________402) that they are not smart, which Dweck calls having a "f__________403) mindset." In contrast, Dweck found, kids who are p__________404) not for their smarts but for their e__________405) develop what Dweck calls a "growth mindset." They learn that their effort is what l__________406) to their s__________407), and if they c__________408) to t__________409), over time they'll i__________410) and a__________411) more things. These kids end up taking on t__________412) things, and feel better about t__________413). "E__________414) effort gives a child a v__________415) that they can c__________416)," Dweck has explained.

38

To m__________417) our s__________418) is to focus on what's o__________419) of ourselves: what we see, hear, smell, feel, and perhaps even taste. But sometimes what really m__________420) a place is something less s__________421) —a f__________422) within us. An interesting example e__________423) from a study of subway passenger b__________424). Researchers trying to understand w__________425) people sit w__________426) they sit or stand where they stand in subway and metro trains examined the f__________427) that s__________428) the way riders used and n__________429) that s__________430) in different s__________431). One of their findings involved the reasons many riders like to p__________432) themselves c__________433) to the train's doors. Partly this was the obvious c__________434) of being able to e__________435) more quickly. But it was shaped partly by a more a__________436) s__________437) — the d__________438) to avoid the sometimes u__________439) feeling of a__________440) making eye contact with s__________441) passengers. We can't see feelings—but they're very r__________442), and they i__________443) our experience of the world.

39

We have a 'diving reflex', like other marine m__________444). This means that special n__________445) endings on our faces, around the mouth and nose, t__________446)　this reflex only when the f__________447) r__________448) goes under water. If we are in the water, with our head o__________449) in the air, there is n__________450) diving reflex. But if we s__________451) just our face in a bowl of water, while the whole of the r__________452) of our body is in the d__________453) air, the diving reflex is t__________454). It a__________455) c__________456) down the a__________457), reducing the r__________458) of s__________459) water, and it n__________460) the small a__________461) in the lungs. At the same time the heart r__________462) is s__________463) down to half speed and blood is s__________464) to the v__________465) organs, p__________466) them from the effects of the b__________467) stop in b__________468). By contrast, if a chimpanzee or a gorilla f__________469) itself in water with its face b__________470) the s__________471), it would p__________472), its heart would r__________473) and it would quickly d__________474).

40

There is a natural a__________475) of truth, or a truth b__________476) when humans c__________477) with one another. In other words, when we're l__________478) to others or r__________479) their words, our a__________480) assumption is that the other person is t__________481) the t__________482). This usually works out f__________483). If you ask someone where the restroom is l__________484) or if it's raining outside, you can s__________485) assume that most people will not l__________486) in their r__________487). Imagine how d__________488) it would be to c__________489) with someone if you assumed that everything they were telling you was f__________490)! Indeed, q__________491) the truth of a s__________492) and then choosing not to b__________493) it requires a__________494) mental s__________495). For the most part, humans are "c__________496) misers," which means we typically don't e__________497) more mental e__________498) than seems n__________499) in a g__________500) situation. It makes sense then, that when we see something online, even if it is f__________501), our d__________502) is to believe it, at least at f__________503).

41~42

P__________504) with plastic f____________505) changes the way we s__________506) money, a__________507) the c__________508) of our f__________509) decisions. When you buy something with c__________510), the p__________511) involves an actual l__________512)—your wallet is literally l__________513). Credit cards, however, make the purchase a__________514), so that you don't really feel the d__________515) of spending money. Brainimaging experiments suggest that paying with credit cards actually r__________516) a__________517) in the insula, a brain r__________518) associated with n__________519) feelings. As George Loewenstein, a neuroeconomist at Carnegie Mellon, says, "The n__________520) of credit cards e__________521) that your brain is a__________522) against the p__________523) of payment." S__________524) money doesn't feel bad, so you spend m__________525) money. Consider this experiment: Drazen Prelec and Duncan Simester, two business professors at MIT, o__________526) a real life, s__________527) bid a__________528) for tickets to a Boston Celtics game. Half the p__________529) in the auction were i__________530) that they had to pay with c__________531); the o__________532) half were told they had to pay with credit cards. Prelec and Simester then a__________533) the bids for the two d__________534) groups. It t__________535) out that the average credit card bid was twice as h__________536) as the average cash bid. When people used their credit cards, their bids were much more c__________537). They no longer felt the n__________538) to l__________539) their e__________540).

43~45

The sun s__________541) in the cloudless sky as Becky, a retired teacher, walked to the fruit market. Across town, Dana was riding a bus t__________542) the museum for a job i__________543). Just before r__________544) her stop, Dana n__________545) the sky had suddenly d__________546). Her heart s__________547)—she had no umbrella. As she s__________548) off the bus next to the market, where Becky had just f__________549) shopping, raindrops began to fall. Dana felt p__________550). She didn't want to s__________551) up to her interview s__________552). She looked around but couldn't find any stores n__________553) to buy an umbrella, and she didn't have time to s__________554) around. Just then, Becky a__________555) her, holding an open umbrella in one hand and a closed one in the other. "T__________556) this," she said with a smile. Dana's eyes widened. "Are you sure?" Becky nodded. "I always carry an e__________557) on rainy days." Dana thanked her, took the umbrella, and opened it. She saw a small card t__________558) to the handle. It read: "Cover each other." She was t__________559) by the message. She h__________560) to the museum, a__________561) dry and c__________562), and p__________563) well in her interview. The Museum CEO was i__________564) by Dana and o__________565) her the Event Manager p__________566), her dream job. T__________567) the years ahead, she often thought back to Becky's kind g__________568). Inspired by the memory, Dana created a museum event called "C__________569) Each Other" with paintings of people s__________570) others. She donated half of the money from ticket s__________571) to families who lost their homes to natural disasters. Dana kept Becky's message f__________572) in her office as a r__________573) that one k__________574) gesture could c__________575) someone's life. The k__________576) of one s__________577) had s__________578) her p__________579), and she made s__________580) it c__________581) to shape the world.

2025 고1 6월 모의고사

❶ voca　　❷ text　　❸ [/]　　❹ ＿＿＿　　❺ quiz 1　　❻ quiz 2　　❼ quiz 3　　❽ quiz 4　　❾ quiz 5

---

1. 글의 흐름으로 보아, 주어진 문장이 들어가기에 가장 적절한 곳은?

As part of our goal to make the community more dog-friendly, we recently opened a new dog park. The park was designed to provide an enjoyable experience for both dogs and owners.

(①) Dear Dog Owners, My name is Lily Paxton, and I'm the town's Pet Program Coordinator. (②) There are big grassy areas where your dogs can run, jump, and play. (③) We have separate spaces for small dogs and big dogs, to ensure safety. You'll also find lots of benches and areas for resting and staying cool. (④) We hope you will have a wonderful time with your dogs in this newly opened park. (⑤)
Regards, Lily Paxton, Pet Program Coordinator

2. 글의 흐름으로 보아, 주어진 문장이 들어가기에 가장 적절한 곳은?

She realized she had left her passport at home. Her plans were ruined.

(①) Maya waited in line to check in for her flight. Her expectations about her European backpacking trip were really high. (②) She had been looking forward to the trip for a year. She couldn't wait to visit museums in Madrid and see the Eiffel Tower at night in Paris. As she stood in line, she could feel those experiences were finally so close. (③) When she approached the counter, the airline employee asked to see her passport. (④) Maya reached into her pocket but felt nothing. (⑤) She was heartbroken, knowing she could not board the flight and had to delay her dream trip.

3. 글의 흐름으로 보아, 주어진 문장이 들어가기에 가장 적절한 곳은?

For this reason, we should pay close attention to the convenience of any activity we want to make into a habit.

People often ask me, "What surprises you most about habits?" (①) One thing that continually astonishes me is the degree to which we're influenced by sheer convenience. (②) The amount of effort, time, or decision making required by an action has a huge influence on habit formation. (③) To a truly remarkable extent, we're more likely to do something if it's convenient, and less likely if it's not. (④) Putting a wastebasket next to our front door made mail sorting slightly more convenient, and I stopped procrastinating with this chore. Many people report that they do a much better job of staying close to distant family members now that tools like group chats make it easy to stay in touch.(⑤)

4. 글의 흐름으로 보아, 주어진 문장이 들어가기에 가장 적절한 곳은?

But beliefs and behaviors are also related in a more remarkable way. It turns out that the arrow is as likely to point in the reverse direction.

(①) It is common sense that people's inner beliefs may drive their external behavior. (②) If you're attracted to a certain person, you should be more likely to socialize with that person. (③) If you favor a brand of toothpaste, you're more likely to buy it. (④) Of course, our internal thoughts don't always predict our public behavior, but, overall, what we do obviously reflects what we think. (⑤) As social psychologist David Myers observes, "If social psychology has taught us anything during the last 25 years, it is that we are likely not only to think ourselves into a way of acting but also to act ourselves into a way of thinking."

5. 글의 흐름으로 보아, 주어진 문장이 들어가기에 가장 적절한 곳은?

Challenge yourself to spend an entire day saying only what you absolutely must say.

(①) Imagine following the spirit of a silence vow into daily life. (②) It's been widely observed by behavioral psychology experts —and anyone who's ever been on a first date—that we too often tend to treat "conversation" as a game of waiting for our own turn to speak. (③) We miss what's being said because we're mentally rehearsing our next utterance. What if you could eliminate the idea that the next available minisilence is your next opening to express whatever is in your head? What if you were limited to, say, fifty spoken words tomorrow? (④) I think you'd listen quite differently. You'd attend quite carefully to every word you heard. (⑤) You'd be attuned to what you must respond to. You might discover that the less you say, the more you hear.

6. 글의 흐름으로 보아, 주어진 문장이 들어가기에 가장 적절한 곳은?

In fact, many of humanity's biggest problems are caused by lack of action, and not lack of knowledge.

(①) Science is concerned with accumulating and understanding observations of the physical world. (②) That understanding alone solves no problems. Individual people have to act on that understanding for it to help solve problems. (③) For instance, science has found that regular exercise can lower your risk of heart disease. Knowing this fact is interesting, but it will do nothing for your personal health unless you act on it and actually exercise. And that's the hard part. Reading an article about exercise is easy. Getting into an actual routine of regular exercise is harder. (④) In this sense, science really solves no problems at all. Problems are only solved when people take the knowledge provided by science and use it. (⑤)

7. 글의 흐름으로 보아, 주어진 문장이 들어가기에 가장 적절한 곳은?

It's only your interpretation of reality, which will always be different from someone else's.

(①) We think we're being logical, objective, and rational —and therefore accurate in our analysis, judgment, and decisions. (②) So we think that if other people are logical, objective, and rational, they will agree with us and see what we see. (③) But the opposite is the case. Every human brain is different. Everyone's life experience is different. Everyone's desires and knowledge are different. (④) You might think you're being realistic — that is, that your ideas match reality, but that's impossible. (⑤) When two nations play each other in the World Cup, the fans of each country criticize the referees for missing all the infractions that the other team commits. Without fail, each fan base believes that the referees are biased against their team.

8. 글의 흐름으로 보아, 주어진 문장이 들어가기에 가장 적절한 곳은?

Instead, he concentrated on smaller creatures he could study up close. After studying evolutionary biology at the University of Alabama, Wilson transferred to Harvard University, where he became a professor in 1956.

(①) Edward O. Wilson was born in Birmingham, Alabama, in 1929. (②) In his early childhood, he became interested in nature and spent much time in the outdoors. (③) At age seven, he was partially blinded in a fishing accident; his reduced sight led Wilson to the study of ants. He could not observe larger animals from a distance. (④) He never received a Nobel Prize— the prize didn't recognize research in the field of evolutionary biology. (⑤) However, he was awarded the Crafoord Prize in 1990. Wilson, known to some as the "modern-day Darwin", died at the age of 92 in Massachusetts.

9. 글의 흐름으로 보아, 주어진 문장이 들어가기에 가장 적절한 곳은?

Rather, experts have knowledge in a specific domain— such as chess, chemistry, or tennis —and are not generalists.

(①) Studies of experts provide insight into what it means to have deep and flexible understanding. (②) Experts in a particular domain are people who have deep, richly interconnected ideas about the world. They are not just good thinkers or people who are exceptionally smart. (③) However, experts do not just know "a bunch of facts." In fact, having expertise in a topic means that knowledge is organized into coherent frameworks, and the expert understands the interrelationship between facts and can distinguish which ideas are most central. (④) This kind of deep but organized understanding allows for greater flexibility in learning and facilitates application across multiple contexts. (⑤)

10. 글의 흐름으로 보아, 주어진 문장이 들어가기에 가장 적절한 곳은?

But sometimes the reasoning is wrong because of one or more misconceptions.

(①) It is natural for people to observe happenings and then seek explanations for why those happenings occurred. (②) One of these is the ecological fallacy, where an argument claims that there is a causal relationship between two things merely because they occur together. For example, in the 1950s it was found that crime rates were the highest in neighborhoods where immigrants were most numerous. (③) Some people used this "co-occurrence" to argue that immigrants were a cause of crime. But a careful analysis of this situation revealed that immigrants were forced to live in neighborhoods where crime rates were already high ; they could not afford more expensive housing in safer neighborhoods. (④) Immigrants themselves committed very few of the crimes. (⑤) Unless you analyze the claim carefully, you would misinterpret the relationship and thereby construct a faulty belief.

11. 글의 흐름으로 보아, 주어진 문장이 들어가기에 가장 적절한 곳은?

They know which insects to leave alone, know where food exists, can build and tear down shelters with ease.

(①) In everyday life, we use previous experience to predict where we should pay attention. Different environments create different expectations. (②) This was profoundly illustrated by the scientist Jared Diamond in his book Guns, Germs, and Steel. (③) He describes an adventure wandering through the New Guinea jungle with native New Guineans. He relates that these natives tend to perform poorly at tasks Westerners have been trained to do since childhood. (④) But they are hardly stupid. They can detect the most subtle changes in the jungle, good for following the tracks of a predator or for finding the way back home. (⑤) Diamond, who had never spent time in such places, has no ability to pay attention to these things. Were he to be tested on such tasks, he also would perform poorly.

12. 글의 흐름으로 보아, 주어진 문장이 들어가기에 가장 적절한 곳은?

While many of them are quick to realize that their initial prices are too high, not all these people are happy or willing to drop their prices to make their products more attractive.

(①) Most entrepreneurs put in tremendous amounts of time and effort in creating and launching new products and services and then make the mistake of overpricing them. (②) They have created something they care deeply about, it's theirs, and this powerful sense of ownership distorts their perception of value which causes them to overprice their products. (③) And this can be a very costly mistake that may lead to the failure of their new business. When you launch a new product or service, your priority should be to get sufficient market adoption as soon as possible and you should be ready to sacrifice your initial prices and profits to achieve this aim. (④) Once you have strong sales volumes, you can increase your prices to maximize your profits. (⑤)

13. 글의 흐름으로 보아, 주어진 문장이 들어가기에 가장 적절한 곳은?

This unusual strategy succeeds because while apes and elephants produce fewer babies than mice, a larger percentage of their offspring survive to then reproduce.

(①) In most respects, humans are one of a relatively small number of species that evolved a very different strategy of investing more energy to reproduce more slowly. (②) Like apes and elephants, we mature at a leisurely pace, grow large bodies, and have few babies but devote much time and energy to raising them well. (③) A house mouse can become a mother when she is just five weeks old, has four to ten pups per litter, and can have a new litter every two months over the course of her approximately twelvemonth life. (④) However, the vast majority of her pups die young. In contrast, a chimp or elephant mother does not reproduce until she is at least twelve years old, and she gives birth to only one infant every five or six years over the next thirty or so years. (⑤) About half of these offspring make it to becoming parents.

14. 글의 흐름으로 보아, 주어진 문장이 들어가기에 가장 적절한 곳은?

More important, though, it makes it possible for other scientists to use that data to construct new hypotheses and perform new experiments.

(①) When scientists make an important new discovery or experimentally prove some hypothesis, they do not, in general, keep that information to themselves so that they alone can consider its meaning and derive additional theories from it. (②) Instead, they publish their results and make their data available for inspection. (③) This makes it possible for other scientists to reconsider their data and possibly refute their conclusions. (④) The assumption is that society as a whole will end up knowing more if information is spread as widely as possible, rather than being limited to a few people. In a strict sense, every scientist depends on the work of other scientists. (⑤)

15. 글의 흐름으로 보아, 주어진 문장이 들어가기에 가장 적절한 곳은?

Therefore, remembering is an imaginative process that involves building upon past experiences.

(①) In the 1930s, the British psychologist Sir Frederic Bartlett asked people to listen to folktales from other countries and then recall these stories at a later date. (②) As you might guess, unfamiliar stories were not remembered as well as familiar stories. (③) Surprisingly, however, errors in memory were not random. Rather, subjects often rewrote similar parts of the stories in their own minds—particularly the parts that made the least sense to them. (④) Bartlett concluded that when facing problems, humans draw upon mental schemata, or shelves of stored knowledge in our brains, to fill in any minor gaps in our memories. (⑤)

16. 글의 흐름으로 보아, 주어진 문장이 들어가기에 가장 적절한 곳은?

History, people often say, repeats itself. And looking at the historical records of the ancient civilizations, some things do seem to happen again and again.

(①) Civilizations expand, get overextended, and then collapse as in the cases of Rome, which went under in 476 AD, and the British Empire, which fell apart more than a thousand years later in the post-World War II era. (②) But is this always the case? If so, archaeology would be pretty boring; one thing would happen again and again. (③) But that's not what archaeologists see. Some civilizations end suddenly, like the Aztec and Inca, conquered by invaders in the 1520s AD. (④)Those empires never had the chance to collapse as a result of overexpansion. So in the case of civilizations, "history repeats itself" seems to be an oversimplification. (⑤)

17. 글의 흐름으로 보아, 주어진 문장이 들어가기에 가장 적절한 곳은?

In contrast, Dweck found, kids who are praised not for their smarts but for their effort develop what Dweck calls a "growth mindset."

(①) Stanford psychology professor Dr. Carol Dweck is the internationally recognized pioneer of the concept of "growth mindset" as a way to continually grow, learn, and persevere in our efforts. (②) Dweck found that kids who are told they're "smart" actually underperform in future tasks, by choosing easier tasks to avoid evidence that they are not smart, which Dweck calls having a "fixed mindset." (③) They learn that their effort is what led to their success, and if they continue to try, over time they'll improve and achieve more things. (④) These kids end up taking on tougher things, and feel better about themselves. "Emphasizing effort gives a child a variable that they can control," Dweck has explained. (⑤)

18. 글의 흐름으로 보아, 주어진 문장이 들어가기에 가장 적절한 곳은?

Partly this was the obvious convenience of being able to exit more quickly.

(①) To monitor our surroundings is to focus on what's outside of ourselves: what we see, hear, smell, feel, and perhaps even taste. (②) But sometimes what really marks a place is something less specific —a feeling within us. An interesting example emerged from a study of subway passenger behavior. Researchers trying to understand why people sit where they sit or stand where they stand in subway and metro trains examined the factors that shape the way riders used and navigated that space in different situations. (③) One of their findings involved the reasons many riders like to plant themselves close to the train's doors. (④) But it was shaped partly by a more abstract sensation — the desire to avoid the sometimes uncomfortable feeling of accidentally making eye contact with seated passengers. We can't see feelings—but they're very real, and they influence our experience of the world. (⑤)

19. 글의 흐름으로 보아, 주어진 문장이 들어가기에 가장 적절한 곳은?

At the same time the heart rate is slowed down to half speed and blood is shunted to the vital organs, protecting them from the effects of the brief stop in breathing.

(①) We have a 'diving reflex', like other marine mammals. (②) This means that special nerve endings on our faces, around the mouth and nose, trigger this reflex only when the facial region goes under water. (③) If we are in the water, with our head out in the air, there is no diving reflex. But if we sink just our face in a bowl of water, while the whole of the rest of our body is in the dry air, the diving reflex is triggered. (④) It automatically closes down the airway, reducing the risk of swallowing water, and it narrows the small airpassages in the lungs. (⑤) By contrast, if a chimpanzee or a gorilla found itself in water with its face below the surface, it would panic, its heart would race and it would quickly drown.

20. 글의 흐름으로 보아, 주어진 문장이 들어가기에 가장 적절한 곳은?

Indeed, questioning the truth of a statement and then choosing not to believe it requires additional mental steps.

(①) There is a natural assumption of truth, or a truth bias when humans communicate with one another. (②) In other words, when we're listening to others or reading their words, our automatic assumption is that the other person is telling the truth. (③) This usually works out fine. If you ask someone where the restroom is located or if it's raining outside, you can safely assume that most people will not lie in their responses. Imagine how difficult it would be to converse with someone if you assumed that everything they were telling you was false! (④) For the most part, humans are "cognitive misers," which means we typically don't expend more mental effort than seems necessary in a given situation. (⑤) It makes sense then, that when we see something online, even if it is fake, our default is to believe it, at least at first.

21. 글의 흐름으로 보아, 주어진 문장이 들어가기에 가장 적절한 곳은?

It turns out that the average credit card bid was twice as high as the average cash bid.

(①) Paying with plastic fundamentally changes the way we spend money, altering the calculus of our financial decisions. (②) When you buy something with cash, the purchase involves an actual loss—your wallet is literally lighter. Credit cards, however, make the purchase abstract, so that you don't really feel the downside of spending money. (③) Brainimaging experiments suggest that paying with credit cards actually reduces activity in the insula, a brain region associated with negative feelings. (④) As George Loewenstein, a neuroeconomist at Carnegie Mellon, says, "The nature of credit cards ensures that your brain is anesthetized against the pain of payment." Spending money doesn't feel bad, so you spend more money. Consider this experiment: Drazen Prelec and Duncan Simester, two business professors at MIT, organized a real life, sealedbid auction for tickets to a Boston Celtics game. Half the participants in the auction were informed that they had to pay with cash; the other half were told they had to pay with credit cards. Prelec and Simester then averaged the bids for the two different groups. (⑤) When people used their credit cards, their bids were much more careless. They no longer felt the need to limit their expenses.

22. 글의 흐름으로 보아, 주어진 문장이 들어가기에 가장 적절한 곳은?

Dana thanked her, took the umbrella, and opened it. She saw a small card tied to the handle. It read: "Cover each other."

(①) The sun shone in the cloudless sky as Becky, a retired teacher, walked to the fruit market. Across town, Dana was riding a bus towards the museum for a job interview. Just before reaching her stop, Dana noticed the sky had suddenly darkened. (②) Her heart sank —she had no umbrella. As she stepped off the bus next to the market, where Becky had just finished shopping, raindrops began to fall. (③) Dana felt panic. She didn't want to show up to her interview soaked. She looked around but couldn't find any stores nearby to buy an umbrella, and she didn't have time to search around. Just then, Becky approached her, holding an open umbrella in one hand and a closed one in the other. "Take this," she said with a smile. Dana's eyes widened. "Are you sure?" Becky nodded. "I always carry an extra on rainy days." (④) She was touched by the message. She hurried to the museum, arriving dry and comfortable, and performed well in her interview. The Museum CEO was impressed by Dana and offered her the Event Manager position, her dream job. Throughout the years ahead, she often thought back to Becky's kind gesture. Inspired by the memory, Dana created a museum event called "Cover Each Other" with paintings of people supporting others. She donated half of the money from ticket sales to families who lost their homes to natural disasters. (⑤) Dana kept Becky's message framed in her office as a reminder that one kind gesture could change someone's life. The kindness of one stranger had shaped her path, and she made sure it continued to shape the world.

2025 고1 6월 모의고사

❶ voca ❷ text ❸ [/] ❹ ＿＿＿ ❺ quiz 1 ❻ quiz 2 ❼ quiz 3 ❽ quiz 4 ❾ quiz 5

1. 다음 주어진 문장 다음에 이어질 글의 순서로 가장 적절한 것은?

Dear Dog Owners, My name is Lily Paxton, and I'm the town's Pet Program Coordinator.

(A) As part of our goal to make the community more dog?friendly, we recently opened a new dog park.
(B) You'll also find lots of benches and areas for resting and staying cool. We hope you will have a wonderful time with your dogs in this newly opened park.
(C) The park was designed to provide an enjoyable experience for both dogs and owners. There are big grassy areas where your dogs can run, jump, and play. We have separate spaces for small dogs and big dogs, to ensure safety.
Regards,
Lily Paxton, Pet Program Coordinator

2. 다음 주어진 문장 다음에 이어질 글의 순서로 가장 적절한 것은?

Maya waited in line to check in for her flight.

(A) She realized she had left her passport at home. Her plans were ruined. She was heartbroken, knowing she could not board the flight and had to delay her dream trip.
(B) Her expectations about her European backpacking trip were really high. She had been looking forward to the trip for a year. She couldn't wait to visit museums in Madrid and see the Eiffel Tower at night in Paris.
(C) As she stood in line, she could feel those experiences were finally so close. When she approached the counter, the airline employee asked to see her passport. Maya reached into her pocket but felt nothing.

3. 다음 주어진 문장 다음에 이어질 글의 순서로 가장 적절한 것은?

People often ask me, "What surprises you most about habits?"

(A) To a truly remarkable extent, we're more likely to do something if it's convenient, and less likely if it's not. For this reason, we should pay close attention to the convenience of any activity we want to make into a habit.
(B) Putting a wastebasket next to our front door made mail sorting slightly more convenient, and I stopped procrastinating with this chore. Many people report that they do a much better job of staying close to distant family members now that tools like group chats make it easy to stay in touch.
(C) One thing that continually astonishes me is the degree to which we're influenced by sheer convenience. The amount of effort, time, or decision making required by an action has a huge influence on habit formation.

4. 다음 주어진 문장 다음에 이어질 글의 순서로 가장 적절한 것은?

It is common sense that people's inner beliefs may drive their external behavior.

(A) As social psychologist David Myers observes, "If social psychology has taught us anything during the last 25 years, it is that we are likely not only to think ourselves into a way of acting but also to act ourselves into a way of thinking."
(B) Of course, our internal thoughts don't always predict our public behavior, but, overall, what we do obviously reflects what we think. But beliefs and behaviors are also related in a more remarkable way. It turns out that the arrow is as likely to point in the reverse direction.
(C) If you're attracted to a certain person, you should be more likely to socialize with that person. If you favor a brand of toothpaste, you're more likely to buy it.

5. 다음 주어진 문장 다음에 이어질 글의 순서로 가장 적절한 것은?

Imagine following the spirit of a silence vow into daily life.

(A) I think you'd listen quite differently. You'd attend quite carefully to every word you heard. You'd be attuned to what you must respond to. You might discover that the less you say, the more you hear.

(B) Challenge yourself to spend an entire day saying only what you absolutely must say. It's been widely observed by behavioral psychology experts ?and anyone who's ever been on a first date?that we too often tend to treat "conversation" as a game of waiting for our own turn to speak.

(C) We miss what's being said because we're mentally rehearsing our next utterance. What if you could eliminate the idea that the next available minisilence is your next opening to express whatever is in your head? What if you were limited to, say, fifty spoken words tomorrow?

6. 다음 주어진 문장 다음에 이어질 글의 순서로 가장 적절한 것은?

Science is concerned with accumulating and understanding observations of the physical world. That understanding alone solves no problems.

(A) Individual people have to act on that understanding for it to help solve problems. For instance, science has found that regular exercise can lower your risk of heart disease. Knowing this fact is interesting, but it will do nothing for your personal health unless you act on it and actually exercise.

(B) Problems are only solved when people take the knowledge provided by science and use it. In fact, many of humanity's biggest problems are caused by lack of action, and not lack of knowledge.

(C) And that's the hard part. Reading an article about exercise is easy. Getting into an actual routine of regular exercise is harder. In this sense, science really solves no problems at all.

7. 다음 주어진 문장 다음에 이어질 글의 순서로 가장 적절한 것은?

We think we're being logical, objective, and rational ?and therefore accurate in our analysis, judgment, and decisions.

(A) Every human brain is different. Everyone's life experience is different. Everyone's desires and knowledge are different. You might think you're being realistic ? that is, that your ideas match reality, but that's impossible. It's only your interpretation of reality, which will always be different from someone else's.

(B) So we think that if other people are logical, objective, and rational, they will agree with us and see what we see. But the opposite is the case.

(C) When two nations play each other in the World Cup, the fans of each country criticize the referees for missing all the infractions that the other team commits. Without fail, each fan base believes that the referees are biased against their team.

8. 다음 주어진 문장 다음에 이어질 글의 순서로 가장 적절한 것은?

Edward O. Wilson was born in Birmingham, Alabama, in 1929.

(A) In his early childhood, he became interested in nature and spent much time in the outdoors. At age seven, he was partially blinded in a fishing accident; his reduced sight led Wilson to the study of ants.

(B) He never received a Nobel Prize?the prize didn't recognize research in the field of evolutionary biology. However, he was awarded the Crafoord Prize in 1990. Wilson, known to some as the "modern-day Darwin", died at the age of 92 in Massachusetts.

(C) He could not observe larger animals from a distance. Instead, he concentrated on smaller creatures he could study up close. After studying evolutionary biology at the University of Alabama, Wilson transferred to Harvard University, where he became a professor in 1956.

9. 다음 주어진 문장 다음에 이어질 글의 순서로 가장 적절한 것은?

Studies of experts provide insight into what it means to have deep and flexible understanding.

(A) However, experts do not just know "a bunch of facts." In fact, having expertise in a topic means that knowledge is organized into coherent frameworks, and the expert understands the interrelationship between facts and can distinguish which ideas are most central.

(B) This kind of deep but organized understanding allows for greater flexibility in learning and facilitates application across multiple contexts.

(C) Experts in a particular domain are people who have deep, richly interconnected ideas about the world. They are not just good thinkers or people who are exceptionally smart. Rather, experts have knowledge in a specific domain—such as chess, chemistry, or tennis and are not generalists.

10. 다음 주어진 문장 다음에 이어질 글의 순서로 가장 적절한 것은?

It is natural for people to observe happenings and then seek explanations for why those happenings occurred.

(A) But a careful analysis of this situation revealed that immigrants were forced to live in neighborhoods where crime rates were already high ; they could not afford more expensive housing in safer neighborhoods. Immigrants themselves committed very few of the crimes. Unless you analyze the claim carefully, you would misinterpret the relationship and thereby construct a faulty belief.

(B) But sometimes the reasoning is wrong because of one or more misconceptions. One of these is the ecological fallacy, where an argument claims that there is a causal relationship between two things merely because they occur together.

(C) For example, in the 1950s it was found that crime rates were the highest in neighborhoods where immigrants were most numerous. Some people used this "co?occurrence" to argue that immigrants were a cause of crime.

11. 다음 주어진 문장 다음에 이어질 글의 순서로 가장 적절한 것은?

In everyday life, we use previous experience to predict where we should pay attention.

(A) He relates that these natives tend to perform poorly at tasks Westerners have been trained to do since childhood. But they are hardly stupid. They can detect the most subtle changes in the jungle, good for following the tracks of a predator or for finding the way back home.

(B) Different environments create different expectations. This was profoundly illustrated by the scientist Jared Diamond in his book Guns, Germs, and Steel. He describes an adventure wandering through the New Guinea jungle with native New Guineans.

(C) They know which insects to leave alone, know where food exists, can build and tear down shelters with ease. Diamond, who had never spent time in such places, has no ability to pay attention to these things. Were he to be tested on such tasks, he also would perform poorly.

12. 다음 주어진 문장 다음에 이어질 글의 순서로 가장 적절한 것은?

Most entrepreneurs put in tremendous amounts of time and effort in creating and launching new products and services and then make the mistake of overpricing them.

(A) When you launch a new product or service, your priority should be to get sufficient market adoption as soon as possible and you should be ready to sacrifice your initial prices and profits to achieve this aim. Once you have strong sales volumes, you can increase your prices to maximize your profits.

(B) While many of them are quick to realize that their initial prices are too high, not all these people are happy or willing to drop their prices to make their products more attractive. And this can be a very costly mistake that may lead to the failure of their new business.

(C) They have created something they care deeply about, it's theirs, and this powerful sense of ownership distorts their perception of value which causes them to overprice their products.

13. 다음 주어진 문장 다음에 이어질 글의 순서로 가장 적절한 것은?

In most respects, humans are one of a relatively small number of species that evolved a very different strategy of investing more energy to reproduce more slowly.

(A) A house mouse can become a mother when she is just five weeks old, has four to ten pups per litter, and can have a new litter every two months over the course of her approximately twelvemonth life. However, the vast majority of her pups die young.

(B) In contrast, a chimp or elephant mother does not reproduce until she is at least twelve years old, and she gives birth to only one infant every five or six years over the next thirty or so years. About half of these offspring make it to becoming parents.

(C) Like apes and elephants, we mature at a leisurely pace, grow large bodies, and have few babies but devote much time and energy to raising them well. This unusual strategy succeeds because while apes and elephants produce fewer babies than mice, a larger percentage of their offspring survive to then reproduce.

14. 다음 주어진 문장 다음에 이어질 글의 순서로 가장 적절한 것은?

When scientists make an important new discovery or experimentally prove some hypothesis, they do not, in general, keep that information to themselves so that they alone can consider its meaning and derive additional theories from it.

(A) The assumption is that society as a whole will end up knowing more if information is spread as widely as possible, rather than being limited to a few people. In a strict sense, every scientist depends on the work of other scientists.

(B) More important, though, it makes it possible for other scientists to use that data to construct new hypotheses and perform new experiments.

(C) Instead, they publish their results and make their data available for inspection. This makes it possible for other scientists to reconsider their data and possibly refute their conclusions.

15. 다음 주어진 문장 다음에 이어질 글의 순서로 가장 적절한 것은?

In the 1930s, the British psychologist Sir Frederic Bartlett asked people to listen to folktales from other countries and then recall these stories at a later date.

(A) As you might guess, unfamiliar stories were not remembered as well as familiar stories.
(B) Therefore, remembering is an imaginative process that involves building upon past experiences.
(C) Surprisingly, however, errors in memory were not random. Rather, subjects often rewrote similar parts of the stories in their own minds?particularly the parts that made the least sense to them. Bartlett concluded that when facing problems, humans draw upon mental schemata, or shelves of stored knowledge in our brains, to fill in any minor gaps in our memories.

16. 다음 주어진 문장 다음에 이어질 글의 순서로 가장 적절한 것은?

History, people often say, repeats itself. And looking at the historical records of the ancient civilizations, some things do seem to happen again and again.

(A) Some civilizations end suddenly, like the Aztec and Inca, conquered by invaders in the 1520s AD. Those empires never had the chance to collapse as a result of overexpansion. So in the case of civilizations, "history repeats itself" seems to be an oversimplification.
(B) Civilizations expand, get overextended, and then collapse as in the cases of Rome, which went under in 476 AD, and the British Empire, which fell apart more than a thousand years later in the post?World War II era.
(C) But is this always the case? If so, archaeology would be pretty boring; one thing would happen again and again. But that's not what archaeologists see.

17. 다음 주어진 문장 다음에 이어질 글의 순서로 가장 적절한 것은?

Stanford psychology professor Dr. Carol Dweck is the internationally recognized pioneer of the concept of "growth mindset" as a way to continually grow, learn, and persevere in our efforts.

(A) These kids end up taking on tougher things, and feel better about themselves. "Emphasizing effort gives a child a variable that they can control," Dweck has explained.

(B) In contrast, Dweck found, kids who are praised not for their smarts but for their effort develop what Dweck calls a "growth mindset." They learn that their effort is what led to their success, and if they continue to try, over time they'll improve and achieve more things.

(C) Dweck found that kids who are told they're "smart" actually underperform in future tasks, by choosing easier tasks to avoid evidence that they are not smart, which Dweck calls having a "fixed mindset."

18. 다음 주어진 문장 다음에 이어질 글의 순서로 가장 적절한 것은?

To monitor our surroundings is to focus on what's outside of ourselves: what we see, hear, smell, feel, and perhaps even taste.

(A) One of their findings involved the reasons many riders like to plant themselves close to the train's doors. Partly this was the obvious convenience of being able to exit more quickly.

(B) But sometimes what really marks a place is something less specific ?a feeling within us. An interesting example emerged from a study of subway passenger behavior. Researchers trying to understand why people sit where they sit or stand where they stand in subway and metro trains examined the factors that shape the way riders used and navigated that space in different situations.

(C) But it was shaped partly by a more abstract sensation ? the desire to avoid the sometimes uncomfortable feeling of accidentally making eye contact with seated passengers. We can't see feelings, but they're very real, and they influence our experience of the world.

19. 다음 주어진 문장 다음에 이어질 글의 순서로 가장 적절한 것은?

We have a 'diving reflex', like other marine mammals.

(A) At the same time the heart rate is slowed down to half speed and blood is shunted to the vital organs, protecting them from the effects of the brief stop in breathing. By contrast, if a chimpanzee or a gorilla found itself in water with its face below the surface, it would panic, its heart would race and it would quickly drown.

(B) This means that special nerve endings on our faces, around the mouth and nose, trigger this reflex only when the facial region goes under water. If we are in the water, with our head out in the air, there is no diving reflex.

(C) But if we sink just our face in a bowl of water, while the whole of the rest of our body is in the dry air, the diving reflex is triggered. It automatically closes down the airway, reducing the risk of swallowing water, and it narrows the small airpassages in the lungs.

20. 다음 주어진 문장 다음에 이어질 글의 순서로 가장 적절한 것은?

There is a natural assumption of truth, or a truth bias when humans communicate with one another.

(A) Imagine how difficult it would be to converse with someone if you assumed that everything they were telling you was false! Indeed, questioning the truth of a statement and then choosing not to believe it requires additional mental steps.

(B) In other words, when we're listening to others or reading their words, our automatic assumption is that the other person is telling the truth. This usually works out fine. If you ask someone where the restroom is located or if it's raining outside, you can safely assume that most people will not lie in their responses.

(C) For the most part, humans are "cognitive misers," which means we typically don't expend more mental effort than seems necessary in a given situation. It makes sense then, that when we see something online, even if it is fake, our default is to believe it, at least at first.

21. 다음 주어진 문장 다음에 이어질 글의 순서로 가장 적절한 것은?

Paying with plastic fundamentally changes the way we spend money, altering the calculus of our financial decisions.

(A) Half the participants in the auction were informed that they had to pay with cash; the other half were told they had to pay with credit cards. Prelec and Simester then averaged the bids for the two different groups. It turns out that the average credit card bid was twice as high as the average cash bid. When people used their credit cards, their bids were much more careless. They no longer felt the need to limit their expenses.

(B) Brainimaging experiments suggest that paying with credit cards actually reduces activity in the insula, a brain region associated with negative feelings. As George Loewenstein, a neuroeconomist at Carnegie Mellon, says, "The nature of credit cards ensures that your brain is anesthetized against the pain of payment." Spending money doesn't feel bad, so you spend more money. Consider this experiment: Drazen Prelec and Duncan Simester, two business professors at MIT, organized a real life, sealedbid auction for tickets to a Boston Celtics game.

(C) When you buy something with cash, the purchase involves an actual loss—your wallet is literally lighter. Credit cards, however, make the purchase abstract, so that you don't really feel the downside of spending money.

22. 다음 주어진 문장 다음에 이어질 글의 순서로 가장 적절한 것은?

The sun shone in the cloudless sky as Becky, a retired teacher, walked to the fruit market.

(A) Across town, Dana was riding a bus towards the museum for a job interview. Just before reaching her stop, Dana noticed the sky had suddenly darkened. Her heart sank?she had no umbrella. As she stepped off the bus next to the market, where Becky had just finished shopping, raindrops began to fall. Dana felt panic. She didn't want to show up to her interview soaked. She looked around but couldn't find any stores nearby to buy an umbrella, and she didn't have time to search around. Just then, Becky approached her, holding an open umbrella in one hand and a closed one in the other.

(B) The Museum CEO was impressed by Dana and offered her the Event Manager position, her dream job. Throughout the years ahead, she often thought back to Becky's kind gesture. Inspired by the memory, Dana created a museum event called "Cover Each Other" with paintings of people supporting others. She donated half of the money from ticket sales to families who lost their homes to natural disasters. Dana kept Becky's message framed in her office as a reminder that one kind gesture could change someone's life. The kindness of one stranger had shaped her path, and she made sure it continued to shape the world.

(C) "Take this," she said with a smile. Dana's eyes widened. "Are you sure?" Becky nodded. "I always carry an extra on rainy days." Dana thanked her, took the umbrella, and opened it. She saw a small card tied to the handle. It read: "Cover each other." She was touched by the message. She hurried to the museum, arriving dry and comfortable, and performed well in her interview.

2025 고1 6월 모의고사

❶ voca ❷ text ❸ [/] ❹ ＿＿＿ ❺ quiz 1 ❻ quiz 2 ❼ quiz 3 ❽ quiz 4 ❾ quiz 5

1. 밑줄 친 ⓐ~ⓚ 중 어법, 혹은 문맥상 어휘의 사용이 어색한 것끼리 짝지어진 것을 고르시오. 2025_H1_06_18

Dear Dog Owners,
My name is Lily Paxton, and I'm the town's Pet Program Coordinator. ⓐAs part of our goal to make the community more dog-friendly, we ⓑrecently opened a new dog park. The park was ⓒdestroyed to provide an ⓓthreatening experience for both dogs ⓔand owners. There ⓕare big grassy areas ⓖwhere your dogs can run, jump, and play. We have ⓗseparate spaces for small dogs and big dogs, to ensure safety. You'll also ⓘfind lots of benches and areas for resting and staying ⓙstrict. We hope you will have a ⓚwonderful time with your dogs in this newly opened park.
Regards,
Lily Paxton, Pet Program Coordinator

① ⓐ, ⓒ, ⓙ   ② ⓕ, ⓖ   ③ ⓔ, ⓘ
④ ⓒ, ⓓ, ⓙ   ⑤ ⓑ, ⓔ

2. 밑줄 친 ⓐ~ⓚ 중 어법, 혹은 문맥상 어휘의 사용이 어색한 것끼리 짝지어진 것을 고르시오. 2025_H1_06_19

Maya waited in line to check in for her flight. Her expectations about her European backpacking trip were really ⓐhigh. She had been ⓑlooking forward to the trip for a year. She couldn't wait to visit museums in Madrid and see the Eiffel Tower at night in Paris. As she stood in line, she could ⓒfelt those experiences were finally so ⓓclose. When she ⓔapproached the counter, the airline employee asked to ⓕsee her passport. Maya reached into her pocket but felt ⓖsomething. She realized she had left her passport at home. Her plans were ⓗruined. She was ⓘheartbroken, ⓙknowing she could not board the flight and had to delay her ⓚdream trip.

① ⓓ, ⓕ, ⓙ   ② ⓒ, ⓖ   ③ ⓒ, ⓕ, ⓙ
④ ⓑ, ⓖ, ⓙ   ⑤ ⓒ, ⓗ, ⓙ

3. 밑줄 친 ⓐ~ⓙ 중 어법, 혹은 문맥상 어휘의 사용이 어색한 것끼리 짝지어진 것을 고르시오. 2025_H1_06_20

People often ask me, "What surprises you most about habits?" One thing that continually ⓐastonishes me is the degree to ⓑwhich we're influenced by sheer convenience. The amount of effort, time, or decision making ⓒignored by an action has a huge influence on habit formation. To a truly remarkable extent, we're more likely to do something if it's ⓓconvenient, and less likely if it's not. For this reason, we should pay close attention to the convenience of any activity we want to make into a habit. ⓔPutting a wastebasket next to our front door made mail sorting slightly more ⓕconveniently , and I ⓖstopped procrastinating with this chore. Many people ⓗreport that they do a ⓘvery better job of staying close to distant family members now that tools like group chats make it ⓙeasy to stay in touch.

① ⓑ, ⓔ   ② ⓖ, ⓗ, ⓘ   ③ ⓒ, ⓕ, ⓘ
④ ⓑ, ⓒ   ⑤ ⓖ, ⓗ

4. 밑줄 친 ⓐ~ⓝ 중 어법, 혹은 문맥상 어휘의 사용이 어색한 것끼리 짝지어진 것을 고르시오. 2025_H1_06_21

It is ⓐcommon sense that people's ⓑinner beliefs may drive their ⓒinner behavior. If you're ⓓdistracted to a certain person, you should be more likely to socialize with that person. If you ⓔfavor a brand of toothpaste, you're more likely to buy it. Of course, our internal thoughts don't always ⓕpredict our public behavior, but, overall, what we do obviously reflects what we ⓖthink. But beliefs and behaviors are also related in a more ⓗremarkable way. It turns out that the arrow is as ⓘlikely to point in the ⓙreverse direction. As social psychologist David Myers observes, "If social psychology has taught us anything during the last 25 years, it is that we are likely not only to ⓚthink ourselves into a way of ⓛacting but also to ⓜact ourselves into a way of ⓝthinking ."

① ⓑ, ⓗ   ② ⓔ, ⓖ   ③ ⓐ, ⓓ, ⓝ
④ ⓓ, ⓘ   ⑤ ⓒ, ⓓ

5. 밑줄 친 ⓐ~ⓛ 중 어법, 혹은 문맥상 어휘의 사용이 어색한 것끼리 짝지어진 것을 고르시오. 2025_H1_06_22

Imagine following the spirit of a silence vow into daily life. Challenge ⓐyourself to spend an entire day ⓑsaying only what you ⓒabsolutely must say. It's been widely ⓓobserved by behavioral psychology experts —and anyone who's ever been on a first date—that we too often tend to treat "conversation" as a game of waiting for our own turn to ⓔspeak. We miss what's being said because we're mentally ⓕrehearsing our next utterance. What if you could eliminate the idea ⓖthat the next available minisilence is your next opening to express whatever is in your head? What if you were ⓗlimited to, say, fifty spoken words tomorrow? I think you'd listen quite differently. You'd attend quite carefully to every word you ⓘheard. You'd be ⓙindifferent to what you must respond to. You might discover that the ⓚless you say, the more you ⓛspeak.

① ⓘ, ⓚ, ⓛ　　② ⓑ, ⓒ, ⓚ　　③ ⓙ, ⓛ
④ ⓖ, ⓚ　　⑤ ⓒ, ⓓ, ⓗ

6. 밑줄 친 ⓐ~ⓟ 중 어법, 혹은 문맥상 어휘의 사용이 어색한 것끼리 짝지어진 것을 고르시오. 2025_H1_06_23

Science is concerned with accumulating and understanding ⓐobservations of the physical world. That understanding alone ⓑsolves no problems. Individual people have to act on that understanding for it to help solve problems. For instance, science has found ⓒwhat regular exercise can ⓓlower your risk of heart disease. ⓔKnowing this fact is ⓕinteresting, but it will do ⓖnothing for your personal health unless you ⓗact on it and actually exercise. And that's the ⓘhard part. ⓙReading an article about exercise is ⓚeasy. Getting into an actual routine of regular exercise is ⓛharder. In this sense, science really solves no problems at ⓜall. Problems are only solved when people take the knowledge provided by science and ⓝuse it. In fact, many of humanity's biggest problems are caused by lack of ⓞknowledge, and not lack of ⓟknowledge .

① ⓘ, ⓚ　　② ⓑ, ⓕ　　③ ⓒ, ⓞ
④ ⓓ, ⓟ　　⑤ ⓘ, ⓚ, ⓜ

7. 밑줄 친 ⓐ~ⓚ 중 어법, 혹은 문맥상 어휘의 사용이 어색한 것끼리 짝지어진 것을 고르시오. 2025_H1_06_24

We think we're being logical, objective, and rational — and therefore ⓐinaccurate in our analysis, judgment, and decisions. So we think that ⓑif other people are logical, ⓒobjective, and ⓓrational, they will agree with us and see what we see. But the opposite ⓔis the case. Every human brain is different. Everyone's life experience is different. Everyone's desires and knowledge are different. You might think you're being ⓕrealistic — that is, ⓖthat your ideas ⓗmismatch reality, but that's impossible. It's only your ⓘinterpretation of reality, which will always be different from someone else's. When two nations play each other in the World Cup, the fans of each country ⓙcriticize the referees for missing all the infractions that the other team commits. Without fail, each fan base believes that the referees are ⓚbiased against their team.

① ⓑ, ⓗ　　② ⓑ, ⓒ, ⓖ　　③ ⓐ, ⓗ
④ ⓒ, ⓗ, ⓙ　　⑤ ⓐ, ⓑ, ⓚ

8. 밑줄 친 ⓐ~ⓖ 중 어법, 혹은 문맥상 어휘의 사용이 어색한 것끼리 짝지어진 것을 고르시오. 2025_H1_06_25

The graph above shows the online share of retail trade in selected European countries in 2018 and 2019. In 2019, the United Kingdom recorded the ⓐhighest online share of retail trade, ⓑreaching 19.2 percent. The Netherlands showed the largest increase in its online share of retail trade ⓒbetween the countries from 2018 to 2019, with a jump of over 6 percentage points. In 2018, Germany ⓓhad a higher online share of retail trade than the Netherlands, whereas, in 2019, Germany ⓔfell behind the Netherlands. In 2018, Germany's online share of retail trade was over three times higher than ⓕthose of Spain. Among the five countries, Italy ⓖrecorded the lowest online share of retail trade in both 2018 and 2019.

① ⓒ, ⓓ, ⓖ　　② ⓑ, ⓕ　　③ ⓒ, ⓕ
④ ⓑ, ⓒ, ⓓ　　⑤ ⓑ, ⓔ

9. 밑줄 친 @~ⓘ 중 <u>어법, 혹은 문맥상 어휘의 사용이 어색한 것끼리 짝지어진 것을 고르시오.</u> 2025_H1_06_26

Edward O. Wilson was born in Birmingham, Alabama, in 1929. In his early childhood, he became @<u>interested</u> in nature and spent much time in the outdoors. At age seven, he was partially ⓑ<u>blinded</u> in a fishing accident; his reduced sight led Wilson to the study of ants. He could not observe larger animals from a distance. Instead, he ⓒ<u>concentrated</u> on smaller creatures he could study up close. After studying evolutionary biology at the University of Alabama, Wilson transferred to Harvard University, ⓓ<u>where</u> he became a professor in 1956. He never received a Nobel Prize—the prize didn't ⓔ<u>deny</u> research in the field of evolutionary biology. However, he was ⓕ<u>awarded</u> the Crafoord Prize in 1990. Wilson, ⓖ <u>known</u> to some as the "ⓗ<u>modern-day</u> Darwin", ⓘ<u>was died</u> at the age of 92 in Massachusetts.

① ⓒ, ⓕ, ⓖ　　② ⓑ, ⓗ, ⓘ　　③ ⓔ, ⓘ
④ ⓒ, ⓖ　　⑤ ⓑ, ⓔ

10. 밑줄 친 @~ⓜ 중 어법, 혹은 문맥상 어휘의 사용이 어색한 것끼리 짝지어진 것을 고르시오. 2025_H1_06_29

Studies of experts provide insight into what it means to have deep and flexible understanding. Experts in a @<u>general</u> domain are people who have ⓑ<u>deep</u>, richly interconnected ideas about the world. They are not just good thinkers or people who are ⓒ<u>exceptionally</u> smart. Rather, experts ⓓ<u>have</u> knowledge in a specific domain—such as chess, chemistry, or tennis —and are not ⓔ<u>specialists</u>. However, experts do not just know "a bunch of facts." In fact, ⓕ<u>having</u> expertise in a topic means that knowledge is organized into ⓖ<u>coherent</u> frameworks, and the expert understands the ⓗ<u>interrelationship</u> between facts and can ⓘ<u>distinguish</u> which ideas are most central. This kind of ⓙ<u>deep</u> but ⓚ<u>organized</u> understanding allows for greater ⓛ<u>flexibility</u> in learning and facilitates application ⓜ<u>across</u> multiple contexts.

① @, ⓔ　　② ⓔ, ⓘ, ⓜ　　③ ⓕ, ⓖ, ⓘ
④ ⓔ, ⓖ　　⑤ ⓒ, ⓕ, ⓗ

11. 밑줄 친 @~ⓝ 중 <u>어법, 혹은 문맥상 어휘의 사용이 어색한 것끼리 짝지어진 것을 고르시오.</u> 2025_H1_06_30

It is natural for people to observe happenings and then seek explanations for why those happenings @<u>occurred</u> . But sometimes the reasoning is ⓑ<u>wrong</u> because of one or more misconceptions. One of these ⓒ<u>is</u> the ecological fallacy, ⓓ<u>where</u> an argument claims that there is a ⓔ <u>casual</u> relationship between two things merely because they occur ⓕ<u>together</u> . For example, in the 1950s it was found that crime rates were the highest in neighborhoods ⓖ<u>where</u> immigrants were most numerous. Some people used this "co-occurrence" to argue that immigrants were a ⓗ<u>consequence</u> of crime. But a ⓘ<u>careful</u> analysis of this situation revealed that immigrants were ⓙ<u>forced</u> to live in neighborhoods where crime rates were already ⓚ <u>high</u> ; they could not afford more expensive housing in safer neighborhoods. Immigrants themselves committed very ⓛ<u>few</u> of the crimes. Unless you ⓜ<u>analyze</u> the claim carefully, you would misinterpret the relationship and thereby ⓝ<u>destroy</u> a faulty belief.

① ⓔ, ⓕ, ⓙ　　② ⓔ, ⓗ, ⓝ　　③ @, ⓘ, ⓝ
④ ⓚ, ⓝ　　⑤ ⓑ, ⓖ

12. 밑줄 친 ⓐ~ⓛ 중 어법, 혹은 문맥상 어휘의 사용이 어색한 것끼리 짝지어진 것을 고르시오. 2025_H1_06_31

In everyday life, we use previous experience to ⓐ<u>predict</u> where we should pay attention. Different environments create ⓑ<u>similar</u> expectations. This was profoundly illustrated by the scientist Jared Diamond in his book Guns, Germs, and Steel. He describes an adventure ⓒ<u>wandering</u> through the New Guinea jungle with native New Guineans. He relates that these natives tend to perform poorly at tasks Westerners have ⓓ<u>trained</u> to do since childhood. But they are hardly ⓔ<u>stupid</u>. They can detect the most ⓕ<u>subtle</u> changes in the jungle, good for following the tracks of a predator or for finding the way back home. They know which insects to leave ⓖ<u>alone</u>, know where food ⓗ<u>exists</u> , ⓘ<u>can</u> build and tear down shelters with ease. Diamond, who had never spent time in such places, has no ability to pay attention to these things. ⓙ<u>Were</u> he to be ⓚ<u>tested</u> on such tasks, he also ⓛ<u>would perform</u> poorly.

① ⓑ, ⓓ　　　　② ⓓ, ⓗ, ⓙ　　　③ ⓐ, ⓒ
④ ⓕ, ⓖ, ⓛ　　　⑤ ⓔ, ⓘ

13. 밑줄 친 ⓐ~ⓝ 중 어법, 혹은 문맥상 어휘의 사용이 어색한 것끼리 짝지어진 것을 고르시오. 2025_H1_06_32

Most entrepreneurs put in ⓐ<u>tremendous</u> amounts of time and effort in creating and launching new products and services and then make the mistake of ⓑ<u>overpricing</u> them. They have created something they care ⓒ<u>deeply</u> about, it's theirs, and this powerful sense of ownership ⓓ<u>distorts</u> their perception of value which causes them to ⓔ<u>overprice</u> their products. While many of them are quick to realize that their initial prices are too ⓕ<u>high</u>, not all these people are ⓖ<u>happy</u> or willing to drop their prices to make their products more ⓗ<u>attractive</u> . And this can be a very ⓘ<u>costly</u> mistake that may lead to the ⓙ<u>failure</u> of their new business. When you launch a new product or service, your priority should be to get ⓚ<u>limited</u> market adoption as soon as possible and you should be ready to ⓛ<u>sacrifice</u> your initial prices and profits to achieve this aim. Once you have ⓜ<u>strong</u> sales volumes, you can increase your prices to ⓝ<u>minimize</u> your profits.

① ⓑ, ⓗ, ⓝ　　　② ⓚ, ⓝ　　　③ ⓕ, ⓘ, ⓙ
④ ⓘ, ⓜ, ⓝ　　　⑤ ⓑ, ⓓ

14. 밑줄 친 ⓐ~ⓚ 중 어법, 혹은 문맥상 어휘의 사용이 어색한 것끼리 짝지어진 것을 고르시오. 2025_H1_06_33

In most respects, humans are one of a relatively small number of species that evolved a very different strategy of investing more energy to reproduce more ⓐ<u>slowly</u>. Like apes and elephants, we mature at a ⓑ<u>leisurely</u> pace, grow large bodies, and have ⓒ<u>many</u> babies but devote much time and energy to ⓓ<u>raising</u> them well. This unusual strategy ⓔ<u>fails</u> because while apes and elephants produce fewer babies than mice, a larger percentage of their offspring ⓕ<u>survives</u> to then reproduce. A house mouse can become a mother when she ⓖ<u>is</u> just five weeks old, has four to ten pups per litter, and can have a new litter every two ⓗ<u>months</u> over the course of her approximately twelvemonth life. However, the vast majority of her pups die young. In contrast, a chimp or elephant mother does not reproduce until she is at ⓘ<u>least</u> twelve years old, and she gives birth to only one infant every five or six ⓙ<u>years</u> over the next thirty or so years. About half of these offspring ⓚ<u>make</u> it to becoming parents.

① ⓒ, ⓔ, ⓕ　　　② ⓐ, ⓚ　　　③ ⓘ, ⓚ
④ ⓐ, ⓕ, ⓘ　　　⑤ ⓐ, ⓒ, ⓗ

15. 밑줄 친 ⓐ~ⓛ 중 어법, 혹은 문맥상 어휘의 사용이 어색한 것끼리 짝지어진 것을 고르시오. 2025_H1_06_34

When scientists make an important new discovery or experimentally prove some hypothesis, they do not, in general, keep that information to themselves so that they ⓐ<u>alone</u> can ⓑ<u>ignore</u> its meaning and ⓒ<u>derive</u> additional theories from it. Instead, they ⓓ<u>publish</u> their results and make their data available for ⓔ<u>retrospection</u> . This makes it possible for other scientists to reconsider their data and possibly ⓕ<u>refute</u> their conclusions. More important, though, it makes it possible for other scientists to use that data to ⓖ<u>construct</u> new hypotheses and perform new experiments. The assumption is that society as a whole will end up ⓗ<u>known</u> more if information is spread as ⓘ<u>widely</u> as possible, rather than ⓙ<u>being limited</u> to a ⓚ<u>few</u> people. In a strict sense, every scientist ⓛ<u>depends</u> on the work of other scientists.

① ⓐ, ⓑ, ⓓ　　　② ⓑ, ⓖ　　　③ ⓑ, ⓔ, ⓗ
④ ⓐ, ⓑ, ⓚ　　　⑤ ⓓ, ⓔ, ⓘ

16. 밑줄 친 ⓐ~ⓗ 중 어법, 혹은 문맥상 어휘의 사용이 어색한 것끼리 짝지어진 것을 고르시오. *2025_H1_06_35*

In the 1930s, the British psychologist Sir Frederic Bartlett asked people to listen to folktales from other countries and then ⓐrecall these stories at a later date. As you might guess, unfamiliar stories were not remembered as well as ⓑfamiliar stories. Surprisingly, however, errors in memory were not ⓒrandom. Rather, subjects often ⓓrewrote similar parts of the stories in their own minds—particularly the parts that made the ⓔleast sense to them. Bartlett concluded that when facing ⓕfamiliarities , humans draw upon mental schemata, or shelves of stored knowledge in our brains, to fill in any ⓖminor gaps in our memories. Therefore, remembering is an ⓗobjective process that involves building upon past experiences.

① ⓕ, ⓗ   ② ⓒ, ⓓ   ③ ⓒ, ⓔ
④ ⓐ, ⓕ   ⑤ ⓒ, ⓕ

17. 밑줄 친 ⓐ~ⓙ 중 어법, 혹은 문맥상 어휘의 사용이 어색한 것끼리 짝지어진 것을 고르시오. *2025_H1_06_36*

History, people often say, ⓐrepeats itself. And looking at the historical records of the ancient civilizations, some things do seem to happen ⓑrarely and again. Civilizations expand, get overextended , and then ⓒcollapse as in the cases of Rome, ⓓwhich went under in 476 AD, and the British Empire, ⓔwhich fell apart more than a thousand years later in the post-World War II era. But is this ⓕalways the case? If so, archaeology would be pretty ⓖboring; one thing would happen again and again. But that's not what archaeologists see. Some civilizations end ⓗsuddenly , like the Aztec and Inca, conquered by invaders in the 1520s AD. Those empires never had the chance to collapse as a result of ⓘinnovation. So in the case of civilizations, "history repeats itself" seems to be an ⓙoversimplification.

① ⓑ, ⓘ   ② ⓕ, ⓖ, ⓗ   ③ ⓕ, ⓖ, ⓙ
④ ⓔ, ⓗ   ⑤ ⓓ, ⓗ

18. 밑줄 친 ⓐ~ⓜ 중 어법, 혹은 문맥상 어휘의 사용이 어색한 것끼리 짝지어진 것을 고르시오. *2025_H1_06_37*

Stanford psychology professor Dr. Carol Dweck is the internationally recognized ⓐpioneer of the concept of "growth mindset" as a way to continually grow, learn, and ⓑpersevere in our efforts. Dweck found ⓒthat kids who are told they're "smart" actually ⓓunderperform in future tasks, by choosing ⓔharder tasks to avoid evidence ⓕthat they are not smart, which Dweck calls having a "fixed mindset." In ⓖaddition , Dweck found, kids who are praised not for their smarts but for their ⓗeffort develop what Dweck calls a "growth mindset." They learn that their ⓘeffort is what led to their success, and if they continue to try, over time they'll improve and ⓙignore more things. These kids end up ⓚtaking on ⓛtougher things, and feel better about themselves. "Emphasizing effort gives a child a ⓜvariable that they can control," Dweck has explained.

① ⓐ, ⓑ, ⓕ   ② ⓔ, ⓖ, ⓙ   ③ ⓑ, ⓖ, ⓛ
④ ⓐ, ⓛ   ⑤ ⓑ, ⓓ

19. 밑줄 친 ⓐ~ⓜ 중 어법, 혹은 문맥상 어휘의 사용이 어색한 것끼리 짝지어진 것을 고르시오. *2025_H1_06_38*

To monitor our surroundings is to focus on what's ⓐoutside of ourselves: what we see, hear, smell, feel, and perhaps even taste. But sometimes what really marks a place is something less ⓑgeneral —a feeling ⓒwithin us. An interesting example emerged from a study of subway passenger behavior. Researchers ⓓtrying to understand why people sit ⓔwhere they sit or stand ⓕwhere they stand in subway and metro trains ⓖignored the factors that shape the way riders used and navigated that space in different situations. One of their findings ⓗinvolved the reasons many riders like to plant themselves close to the train's doors. Partly this was the obvious convenience of being able to exit more ⓘquickly. But it was shaped partly by a more ⓙconcrete sensation — the desire to avoid the sometimes ⓚuncomfortable feeling of accidentally making eye contact with seated passengers. We can't see feelings—but they're very ⓛreal, and they ⓜinfluence our experience of the world.

① ⓓ, ⓜ   ② ⓑ, ⓖ, ⓙ   ③ ⓚ, ⓛ
④ ⓐ, ⓗ, ⓘ   ⑤ ⓐ, ⓕ, ⓗ

20. 밑줄 친 ⓐ~ⓘ 중 어법, 혹은 문맥상 어휘의 사용이 어색한 것끼리 짝지어진 것을 고르시오. 2025_H1_06_39

We have a 'diving reflex', like other marine mammals. This means that special nerve endings on our faces, around the mouth and nose, ⓐ<u>trigger</u> this reflex only when the facial region goes ⓑ<u>under</u> water. If we are in the water, with our head out in the air, there is no diving reflex. But if we sink just our face in a bowl of water, while the whole of the rest of our body is in the dry air, the diving reflex is ⓒ<u>triggered</u>. It automatically closes down the airway, reducing the risk of ⓓ<u>swallowing</u> water, and it narrows the small airpassages in the lungs. At the same time the heart rate is slowed down to ⓔ<u>double</u> speed and blood is shunted to the vital organs, protecting them ⓕ<u>from</u> the effects of the brief stop in breathing. By contrast, if a chimpanzee or a gorilla ⓖ<u>found</u> itself in water with its face ⓗ<u>below</u> the surface, it would panic, its heart would race and it would quickly ⓘ<u>swim</u>.

① ⓒ, ⓕ, ⓘ   ② ⓑ, ⓔ   ③ ⓐ, ⓓ, ⓕ
④ ⓔ, ⓘ   ⑤ ⓓ, ⓘ

21. 밑줄 친 ⓐ~ⓚ 중 어법, 혹은 문맥상 어휘의 사용이 어색한 것끼리 짝지어진 것을 고르시오. 2025_H1_06_40

There is a natural ⓐ<u>assumption</u> of truth, or a truth bias when humans ⓑ<u>communicate</u> with one another. In other words, when we're listening to others or reading their words, our automatic assumption is that the other person is ⓒ<u>telling</u> the truth. This usually works out fine. If you ask someone where the restroom is located or if it's raining outside, you can safely assume that most people will not ⓓ<u>tell</u>. Imagine how ⓔ<u>difficult</u> it would be to converse with someone if you assumed that everything they were telling you was ⓕ<u>false</u>! Indeed, ⓖ<u>questioning</u> the truth of a statement and then choosing not to believe it requires additional ⓗ<u>physical</u> steps. For the most part, humans are "cognitive misers," which means we typically don't ⓘ<u>expend</u> more mental effort than seems necessary in a given situation. It makes sense then, that when we see something online, even if it is ⓙ<u>rare</u>, our default is to believe it, at least at ⓚ<u>first</u>.

① ⓒ, ⓔ   ② ⓔ, ⓖ, ⓙ   ③ ⓓ, ⓗ, ⓙ   ④ ⓐ, ⓗ   ⑤ ⓐ, ⓒ, ⓘ

22. 밑줄 친 ⓐ~ⓜ 중 어법, 혹은 문맥상 어휘의 사용이 어색한 것끼리 짝지어진 것을 고르시오. 2025_H1_06_41~42

Paying with ⓐ<u>plastic</u> fundamentally changes the way we spend money, altering the ⓑ<u>calculus</u> of our financial decisions. When you buy something with cash, the purchase involves an actual ⓒ<u>loss</u> —your wallet is literally ⓓ<u>lighter</u>. Credit cards, however, make the purchase ⓔ<u>abstract</u>, so that you don't really feel the downside of spending money. Brainimaging experiments suggest that paying with credit cards actually ⓕ<u>reduces</u> activity in the insula, a brain region associated with ⓖ<u>positive</u> feelings. As George Loewenstein, a neuroeconomist at Carnegie Mellon, says, "The nature of credit cards ensures that your brain is anesthetized against the pain of payment." Spending money doesn't feel bad, so you spend ⓗ<u>more</u> money. Consider this experiment: Drazen Prelec and Duncan Simester, two business professors at MIT, organized a real life, sealedbid auction for tickets to a Boston Celtics game. Half the participants in the auction were ⓘ<u>informed</u> that they had to pay with cash; the other half were told they had to pay with credit cards. Prelec and Simester then ⓙ<u>averaged</u> the bids for the two different groups. It turns out that the average credit card bid was ⓚ<u>half</u> as high as the average cash bid. When people used their credit cards, their bids were much more ⓛ<u>careless</u>. They no longer felt the need to ⓜ<u>limit</u> their expenses.

① ⓒ, ⓖ, ⓙ   ② ⓓ, ⓖ, ⓙ   ③ ⓐ, ⓓ
④ ⓖ, ⓗ   ⑤ ⓖ, ⓚ

23. 밑줄 친 ⓐ~ⓞ 중 어법, 혹은 문맥상 어휘의 사용이 어색한 것끼리 짝지어진 것을 고르시오. 2025_H1_06_43~45

The sun shone in the cloudless sky as Becky, a retired teacher, walked to the fruit market. Across town, Dana was riding a bus ⓐ<u>away from</u> the museum for a job interview. Just before ⓑ<u>reaching</u> her stop, Dana noticed the sky had suddenly ⓒ<u>darkened</u>. Her heart sank—she had no umbrella. As she stepped off the bus next to the market, where Becky had just finished ⓓ<u>shopping</u> , raindrops began to ⓔ<u>fall</u>. Dana felt panic. She didn't want to show up to her interview ⓕ<u>soaked</u>. She looked around but couldn't find any stores nearby to buy an umbrella, and she didn't have time to ⓖ<u>search</u> around. Just then, Becky ⓗ<u>approached</u> her, holding an open umbrella in one hand and a closed one in the other. "Take this," she said with a ⓘ<u>frown</u>. Dana's eyes widened. "Are you sure?" Becky nodded. "I always carry an extra on ⓙ<u>rainy</u> days." Dana thanked her, took the umbrella, and opened it. She saw a small card tied to the handle. It read: "Cover each other." She was touched by the message. She hurried to the museum, arriving dry and comfortable, and performed well in her interview. The Museum CEO was ⓚ<u>impressed</u> by Dana and offered her the Event Manager position, her dream job. Throughout the years ahead, she often thought back to Becky's kind gesture.
Inspired by the memory, Dana created a museum event called "Cover Each Other" with paintings of people ⓛ<u>supporting</u> others. She donated half of the money from ticket sales to families who ⓜ<u>lost</u> their homes to natural disasters. Dana kept Becky's message ⓝ<u>framed</u> in her office as a reminder that one kind gesture could change someone's life. The kindness of one stranger had shaped her path, and she made sure it continued to ⓞ<u>shape</u> the world.

① ⓒ, ⓗ   ② ⓑ, ⓕ, ⓚ   ③ ⓐ, ⓗ, ⓞ
④ ⓐ, ⓘ   ⑤ ⓒ, ⓙ, ⓛ

2025 고1 6월 모의고사

❶ voca ❷ text ❸ [/] ❹ ____ ❺ quiz 1 ❻ quiz 2 ❼ quiz 3 ❽ quiz 4 ❾ quiz 5

1. 밑줄 부분 중 어법, 혹은 문맥상 어휘의 쓰임이 어색한 것을 올바르게 고쳐 쓰시오. (5개) *2025_H1_06_18*

Dear Dog Owners,
My name is Lily Paxton, and I'm the town's Pet Program Coordinator. ①<u>As</u> part of our goal to make the community more dog-friendly, we ②<u>recently</u> opened a new dog park. The park was ③<u>destroyed</u> to provide an ④<u>threatening</u> experience for both dogs ⑤<u>or</u> owners. There ⑥<u>is</u> big grassy areas ⑦<u>which</u> your dogs can run, jump, and play. We have ⑧<u>separate</u> spaces for small dogs and big dogs, to ensure safety. You'll also ⑨<u>find</u> lots of benches and areas for resting and staying ⑩ <u>cool</u>. We hope you will have a ⑪<u>wonderful</u> time with your dogs in this newly opened park.
Regards,
Lily Paxton, Pet Program Coordinator

기호	어색한 표현		올바른 표현
( )	__________	➔	__________
( )	__________	➔	__________
( )	__________	➔	__________
( )	__________	➔	__________
( )	__________	➔	__________

2. 밑줄 부분 중 어법, 혹은 문맥상 어휘의 쓰임이 어색한 것을 올바르게 고쳐 쓰시오. (5개) *2025_H1_06_19*

Maya waited in line to check in for her flight. Her expectations about her European backpacking trip were really ①<u>low</u>. She had been ②<u>looking</u> forward to the trip for a year. She couldn't wait to visit museums in Madrid and see the Eiffel Tower at night in Paris. As she stood in line, she could ③<u>felt</u> those experiences were finally so ④<u>distant</u>. When she ⑤<u>approached</u> the counter, the airline employee asked to ⑥<u>see</u> her passport. Maya reached into her pocket but felt ⑦<u>something</u>. She realized she had left her passport at home. Her plans were ⑧<u>ruined</u>. She was ⑨<u>heartbroken</u>, ⑩<u>knowing</u> she could not board the flight and had to delay her ⑪ <u>nightmare</u> trip.

기호	어색한 표현		올바른 표현
( )	__________	➔	__________
( )	__________	➔	__________
( )	__________	➔	__________
( )	__________	➔	__________
( )	__________	➔	__________

3. 밑줄 부분 중 어법, 혹은 문맥상 어휘의 쓰임이 어색한 것을 올바르게 고쳐 쓰시오. (5개) 2025_H1_06_20

People often ask me, "What surprises you most about habits?" One thing that continually ①<u>astonishes</u> me is the degree to ②<u>what</u> we're influenced by sheer convenience. The amount of effort, time, or decision making ③<u>required</u> by an action has a huge influence on habit formation. To a truly remarkable extent, we're more likely to do something if it's ④<u>conveniently</u>, and less likely if it's not. For this reason, we should pay close attention to the convenience of any activity we want to make into a habit. ⑤<u>put</u> a wastebasket next to our front door made mail sorting slightly more ⑥<u>convenient</u> , and I ⑦<u>started</u> procrastinating with this chore. Many people ⑧<u>deny</u> that they do a ⑨<u>much</u> better job of staying close to distant family members now that tools like group chats make it ⑩<u>easy</u> to stay in touch.

기호	어색한 표현		올바른 표현
( )	__________	➜	__________
( )	__________	➜	__________
( )	__________	➜	__________
( )	__________	➜	__________
( )	__________	➜	__________

4. 밑줄 부분 중 어법, 혹은 문맥상 어휘의 쓰임이 어색한 것을 올바르게 고쳐 쓰시오. (5개) 2025_H1_06_21

It is ①<u>common</u> sense that people's ②<u>external</u> beliefs may drive their ③<u>external</u> behavior. If you're ④<u>attracted</u> to a certain person, you should be more likely to socialize with that person. If you ⑤<u>ignore</u> a brand of toothpaste, you're more likely to buy it. Of course, our internal thoughts don't always ⑥<u>mask</u> our public behavior, but, overall, what we do obviously reflects what we ⑦<u>act</u>. But beliefs and behaviors are also related in a more ⑧<u>remarkable</u> way. It turns out that the arrow is as ⑨<u>likely</u> to point in the ⑩<u>reverse</u> direction. As social psychologist David Myers observes, "If social psychology has taught us anything during the last 25 years, it is that we are likely not only to ⑪<u>avoid</u> ourselves into a way of ⑫<u>acting</u> but also to ⑬<u>act</u> ourselves into a way of ⑭<u>thinking</u> ."

기호	어색한 표현		올바른 표현
( )	__________	➜	__________
( )	__________	➜	__________
( )	__________	➜	__________
( )	__________	➜	__________
( )	__________	➜	__________

5. 밑줄 부분 중 <u>어법, 혹은 문맥상 어휘의 쓰임이 어색한 것을 올바르</u>게 고쳐 쓰시오. (5개) ^{2025_H1_06_22}

Imagine following the spirit of a silence vow into daily life. Challenge ①<u>you</u> to spend an entire day ②<u>saying</u> only what you ③<u>absolutely</u> must say. It's been widely ④<u>ignored</u> by behavioral psychology experts —and anyone who's ever been on a first date—that we too often tend to treat "conversation" as a game of waiting for our own turn to ⑤<u>speak</u>. We miss what's being said because we're mentally ⑥<u>forgetting</u> our next utterance. What if you could eliminate the idea ⑦<u>that</u> the next available minisilence is your next opening to express whatever is in your head? What if you were ⑧<u>encouraged</u> to, say, fifty spoken words tomorrow? I think you'd listen quite differently. You'd attend quite carefully to every word you ⑨<u>sent</u>. You'd be ⑩<u>attuned</u> to what you must respond to. You might discover that the ⑪<u>less</u> you say, the more you ⑫<u>hear</u>.

기호	어색한 표현		올바른 표현
( )	__________	➔	__________
( )	__________	➔	__________
( )	__________	➔	__________
( )	__________	➔	__________
( )	__________	➔	__________

6. 밑줄 부분 중 <u>어법, 혹은 문맥상 어휘의 쓰임이 어색한 것을 올바르거</u> 고쳐 쓰시오. (5개) ^{2025_H1_06_23}

Science is concerned with accumulating and understanding ①<u>observances</u> of the physical world. That understanding alone ②<u>solves</u> no problems. Individual people have to act on that understanding for it to help solve problems. For instance, science has found ③<u>that</u> regular exercise can ④<u>lower</u> your risk of heart disease. ⑤<u>Knowing</u> this fact is ⑥<u>useless</u>, but it will do ⑦<u>nothing</u> for your personal health unless you ⑧<u>act</u> on it and actually exercise. And that's the ⑨<u>hard</u> part. ⑩<u>read</u> an article about exercise is ⑪<u>demanding</u>. Getting into an actual routine of regular exercise is ⑫<u>simpler</u>. In this sense, science really solves no problems at ⑬<u>all</u>. Problems are only solved when people take the knowledge provided by science and ⑭<u>use</u> it. In fact, many of humanity's biggest problems are caused by lack of ⑮<u>action</u>, and not lack of ⑯<u>knowledge</u> .

기호	어색한 표현		올바른 표현
( )	__________	➔	__________
( )	__________	➔	__________
( )	__________	➔	__________
( )	__________	➔	__________
( )	__________	➔	__________

7. 밑줄 부분 중 어법, 혹은 문맥상 어휘의 쓰임이 어색한 것을 올바르게 고쳐 쓰시오. (5개) 2025_H1_06_24

We think we're being logical, objective, and rational — and therefore ①<u>inaccurate</u> in our analysis, judgment, and decisions. So we think that ②<u>if</u> other people are logical, ③<u>objective</u>, and ④<u>rational</u>, they will agree with us and see what we see. But the opposite ⑤<u>is</u> the case. Every human brain is different. Everyone's life experience is different. Everyone's desires and knowledge are different. You might think you're being ⑥<u>unrealistic</u> — that is, ⑦<u>which</u> your ideas ⑧<u>mismatch</u> reality, but that's impossible. It's only your ⑨<u>interpretation</u> of reality, which will always be different from someone else's. When two nations play each other in the World Cup, the fans of each country ⑩<u>criticize</u> the referees for missing all the infractions that the other team commits. Without fail, each fan base believes that the referees are ⑪<u>fair</u> against their team.

기호	어색한 표현		올바른 표현
( )	__________	➜	__________
( )	__________	➜	__________
( )	__________	➜	__________
( )	__________	➜	__________
( )	__________	➜	__________

8. 밑줄 부분 중 어법, 혹은 문맥상 어휘의 쓰임이 어색한 것을 올바르게 고쳐 쓰시오. (5개) 2025_H1_06_25

The graph above shows the online share of retail trade in selected European countries in 2018 and 2019. In 2019, the United Kingdom recorded the ①<u>highest</u> online share of retail trade, ②<u>reachihng into</u> 19.2 percent. The Netherlands showed the largest increase in its online share of retail trade ③<u>between</u> the countries from 2018 to 2019, with a jump of over 6 percentage points. In 2018, Germany ④<u>has</u> a higher online share of retail trade than the Netherlands, whereas, in 2019, Germany ⑤<u>fall</u> behind the Netherlands. In 2018, Germany's online share of retail trade was over three times higher than ⑥<u>those</u> of Spain. Among the five countries, Italy ⑦<u>recorded</u> the lowest online share of retail trade in both 2018 and 2019.

기호	어색한 표현		올바른 표현
( )	__________	➜	__________
( )	__________	➜	__________
( )	__________	➜	__________
( )	__________	➜	__________
( )	__________	➜	__________

9. 밑줄 부분 중 <u>어법, 혹은 문맥상 어휘의 쓰임이 어색한 것을 올바르게 고쳐 쓰시오. (5개)</u> ^{2025_H1_06_26}

Edward O. Wilson was born in Birmingham, Alabama, in 1929. In his early childhood, he became ①<u>interesting</u> in nature and spent much time in the outdoors. At age seven, he was partially ②<u>blind</u> in a fishing accident; his reduced sight led Wilson to the study of ants. He could not observe larger animals from a distance. Instead, he ③<u>concentrated</u> on smaller creatures he could study up close. After studying evolutionary biology at the University of Alabama, Wilson transferred to Harvard University, ④<u>where</u> he became a professor in 1956. He never received a Nobel Prize—the prize didn't ⑤<u>deny</u> research in the field of evolutionary biology. However, he was ⑥<u>denied</u> the Crafoord Prize in 1990. Wilson, ⑦<u>knowing</u> to some as the "⑧<u>modern-day</u> Darwin", ⑨<u>died</u> at the age of 92 in Massachusetts.

기호	어색한 표현		올바른 표현
(　　)	＿＿＿＿＿	➜	＿＿＿＿＿
(　　)	＿＿＿＿＿	➜	＿＿＿＿＿
(　　)	＿＿＿＿＿	➜	＿＿＿＿＿
(　　)	＿＿＿＿＿	➜	＿＿＿＿＿
(　　)	＿＿＿＿＿	➜	＿＿＿＿＿

10. 밑줄 부분 중 <u>어법, 혹은 문맥상 어휘의 쓰임이 어색한 것을 올바르게 고쳐 쓰시오. (5개)</u> ^{2025_H1_06_29}

Studies of experts provide insight into what it means to have deep and flexible understanding. Experts in a ①<u>particular</u> domain are people who have ②<u>deep</u>, richly interconnected ideas about the world. They are not just good thinkers or people who are ③<u>exceptionally</u> smart. Rather, experts ④<u>having</u> knowledge in a specific domain—such as chess, chemistry, or tennis —and are not ⑤<u>specialists</u>. However, experts do not just know "a bunch of facts." In fact, ⑥<u>having had</u> expertise in a topic means that knowledge is organized into ⑦<u>coherent</u> frameworks, and the expert understands the ⑧<u>interrelationship</u> between facts and can ⑨<u>distinguish</u> which ideas are most central. This kind of ⑩<u>shallow</u> but ⑪<u>distracted</u> understanding allows for greater ⑫<u>flexibility</u> in learning and facilitates application ⑬<u>across</u> multiple contexts.

기호	어색한 표현		올바른 표현
(　　)	＿＿＿＿＿	➜	＿＿＿＿＿
(　　)	＿＿＿＿＿	➜	＿＿＿＿＿
(　　)	＿＿＿＿＿	➜	＿＿＿＿＿
(　　)	＿＿＿＿＿	➜	＿＿＿＿＿
(　　)	＿＿＿＿＿	➜	＿＿＿＿＿

11. 밑줄 부분 중 어법, 혹은 문맥상 어휘의 쓰임이 어색한 것을 올바르게 고쳐 쓰시오. (5개) 2025_H1_06_30

It is natural for people to observe happenings and then seek explanations for why those happenings ①occurred . But sometimes the reasoning is ②wrong because of one or more misconceptions. One of these ③is the ecological fallacy, ④where an argument claims that there is a ⑤casual relationship between two things merely because they occur ⑥together . For example, in the 1950s it was found that crime rates were the highest in neighborhoods ⑦which immigrants were most numerous. Some people used this "co-occurrence" to argue that immigrants were a ⑧consequence of crime. But a ⑨careless analysis of this situation revealed that immigrants were ⑩forced to live in neighborhoods where crime rates were already ⑪high ; they could not afford more expensive housing in safer neighborhoods. Immigrants themselves committed very ⑫few of the crimes. Unless you ⑬analyze the claim carefully, you would misinterpret the relationship and thereby ⑭destroy a faulty belief.

기호	어색한 표현		올바른 표현
(　　)	＿＿＿＿＿	➔	＿＿＿＿＿
(　　)	＿＿＿＿＿	➔	＿＿＿＿＿
(　　)	＿＿＿＿＿	➔	＿＿＿＿＿
(　　)	＿＿＿＿＿	➔	＿＿＿＿＿
(　　)	＿＿＿＿＿	➔	＿＿＿＿＿

12. 밑줄 부분 중 어법, 혹은 문맥상 어휘의 쓰임이 어색한 것을 올바르게 고쳐 쓰시오. (5개) 2025_H1_06_31

In everyday life, we use previous experience to ①reject where we should pay attention. Different environments create ②different expectations. This was profoundly illustrated by the scientist Jared Diamond in his book Guns, Germs, and Steel. He describes an adventure ③wandering through the New Guinea jungle with native New Guineans. He relates that these natives tend to perform poorly at tasks Westerners have ④been trained to do since childhood. But they are hardly ⑤stupid. They can detect the most ⑥obvious changes in the jungle, good for following the tracks of a predator or for finding the way back home. They know which insects to leave ⑦alone, know where food ⑧is existed , ⑨can build and tear down shelters with ease. Diamond, who had never spent time in such places, has no ability to pay attention to these things. ⑩was he to be ⑪tested on such tasks, he also ⑫would have performed poorly.

기호	어색한 표현		올바른 표현
(　　)	＿＿＿＿＿	➔	＿＿＿＿＿
(　　)	＿＿＿＿＿	➔	＿＿＿＿＿
(　　)	＿＿＿＿＿	➔	＿＿＿＿＿
(　　)	＿＿＿＿＿	➔	＿＿＿＿＿
(　　)	＿＿＿＿＿	➔	＿＿＿＿＿

13. 밑줄 부분 중 어법, 혹은 문맥상 어휘의 쓰임이 어색한 것을 올바르게 고쳐 쓰시오. (5개) 2025_H1_06_32

Most entrepreneurs put in ①tremendous amounts of time and effort in creating and launching new products and services and then make the mistake of ②discounting them. They have created something they care ③deeply about, it's theirs, and this powerful sense of ownership ④distorts their perception of value which causes them to ⑤undermine their products. While many of them are quick to realize that their initial prices are too ⑥low, not all these people are ⑦happy or willing to drop their prices to make their products more ⑧attractive . And this can be a very ⑨costly mistake that may lead to the ⑩success of their new business. When you launch a new product or service, your priority should be to get ⑪sufficient market adoption as soon as possible and you should be ready to ⑫sacrifice your initial prices and profits to achieve this aim. Once you have ⑬weak sales volumes, you can increase your prices to ⑭maximize your profits.

기호	어색한 표현		올바른 표현
( )	__________	→	__________
( )	__________	→	__________
( )	__________	→	__________
( )	__________	→	__________
( )	__________	→	__________

14. 밑줄 부분 중 어법, 혹은 문맥상 어휘의 쓰임이 어색한 것을 올바르게 고쳐 쓰시오. (5개) 2025_H1_06_33

In most respects, humans are one of a relatively small number of species that evolved a very different strategy of investing more energy to reproduce more ①slowly. Like apes and elephants, we mature at a ②leisurely pace, grow large bodies, and have ③few babies but devote much time and energy to ④raise them well. This unusual strategy ⑤succeeds because while apes and elephants produce fewer babies than mice, a larger percentage of their offspring ⑥survives to then reproduce. A house mouse can become a mother when she ⑦was just five weeks old, has four to ten pups per litter, and can have a new litter every two ⑧month over the course of her approximately twelvemonth life. However, the vast majority of her pups die young. In contrast, a chimp or elephant mother does not reproduce until she is at ⑨least twelve years old, and she gives birth to only one infant every five or six ⑩years over the next thirty or so years. About half of these offspring ⑪makes it to becoming parents.

기호	어색한 표현		올바른 표현
( )	__________	→	__________
( )	__________	→	__________
( )	__________	→	__________
( )	__________	→	__________
( )	__________	→	__________

15. 밑줄 부분 중 어법, 혹은 문맥상 어휘의 쓰임이 어색한 것을 올바르게 고쳐 쓰시오. (5개) 2025_H1_06_34

When scientists make an important new discovery or experimentally prove some hypothesis, they do not, in general, keep that information to themselves so that they ①together can ②consider its meaning and ③derive additional theories from it. Instead, they ④publish their results and make their data available for ⑤retrospection . This makes it possible for other scientists to reconsider their data and possibly ⑥refute their conclusions. More important, though, it makes it possible for other scientists to use that data to ⑦destruct new hypotheses and perform new experiments. The assumption is that society as a whole will end up ⑧known more if information is spread as ⑨widely as possible, rather than ⑩being limited to a ⑪few people. In a strict sense, every scientist ⑫depend on the work of other scientists.

기호	어색한 표현		올바른 표현
(　)	______________	➜	______________
(　)	______________	➜	______________
(　)	______________	➜	______________
(　)	______________	➜	______________
(　)	______________	➜	______________

16. 밑줄 부분 중 어법, 혹은 문맥상 어휘의 쓰임이 어색한 것을 올바르게 고쳐 쓰시오. (5개) 2025_H1_06_35

In the 1930s, the British psychologist Sir Frederic Bartlett asked people to listen to folktales from other countries and then ①remind these stories at a later date. As you might guess, unfamiliar stories were not remembered as well as ②similar stories. Surprisingly, however, errors in memory were not ③frequent. Rather, subjects often ④rewrote similar parts of the stories in their own minds—particularly the parts that made the ⑤most sense to them. Bartlett concluded that when facing ⑥problems , humans draw upon mental schemata, or shelves of stored knowledge in our brains, to fill in any ⑦minor gaps in our memories. Therefore, remembering is an ⑧objective process that involves building upon past experiences.

기호	어색한 표현		올바른 표현
(　)	______________	➜	______________
(　)	______________	➜	______________
(　)	______________	➜	______________
(　)	______________	➜	______________
(　)	______________	➜	______________

17. 밑줄 부분 중 <u>어법, 혹은 문맥상 어휘의 쓰임이 어색한 것을 올바르</u>게 고쳐 쓰시오. (5개) ^{2025_H1_06_36}

History, people often say, ①<u>ignores</u> itself. And looking at the historical records of the ancient civilizations, some things do seem to happen ②<u>rarely</u> and again. Civilizations expand, get overextended , and then ③<u>collapse</u> as in the cases of Rome, ④<u>where</u> went under in 476 AD, and the British Empire, ⑤<u>which</u> fell apart more than a thousand years later in the post-World War II era. But is this ⑥<u>always</u> the case? If so, archaeology would be pretty ⑦<u>exciting</u>; one thing would happen again and again. But that's not what archaeologists see. Some civilizations end ⑧<u>gradually</u> , like the Aztec and Inca, conquered by invaders in the 1520s AD. Those empires never had the chance to collapse as a result of ⑨<u>overexpansion</u>. So in the case of civilizations, "history repeats itself" seems to be an ⑩ <u>oversimplification</u>.

기호	어색한 표현		올바른 표현
(　　)	＿＿＿＿＿＿	➜	＿＿＿＿＿＿
(　　)	＿＿＿＿＿＿	➜	＿＿＿＿＿＿
(　　)	＿＿＿＿＿＿	➜	＿＿＿＿＿＿
(　　)	＿＿＿＿＿＿	➜	＿＿＿＿＿＿
(　　)	＿＿＿＿＿＿	➜	＿＿＿＿＿＿

18. 밑줄 부분 중 <u>어법, 혹은 문맥상 어휘의 쓰임이 어색한 것을 올바르</u>게 고쳐 쓰시오. (5개) ^{2025_H1_06_37}

Stanford psychology professor Dr. Carol Dweck is the internationally recognized ①<u>pioneer</u> of the concept of "growth mindset" as a way to continually grow, learn, and ②<u>hesitate</u> in our efforts. Dweck found ③<u>which</u> kids who are told they're "smart" actually ④<u>outperform</u> in future tasks, by choosing ⑤<u>easier</u> tasks to avoid evidence ⑥<u>which</u> they are not smart, which Dweck calls having a "fixed mindset." In ⑦<u>contrast</u> , Dweck found, kids who are praised not for their smarts but for their ⑧<u>effort</u> develop what Dweck calls a "growth mindset." They learn that their ⑨<u>effort</u> is what led to their success, and if they continue to try, over time they'll improve and ⑩<u>ignore</u> more things. These kids end up ⑪<u>taking</u> on ⑫<u>tougher</u> things, and feel better about themselves. "Emphasizing effort gives a child a ⑬ <u>variable</u> that they can control," Dweck has explained.

기호	어색한 표현		올바른 표현
(　　)	＿＿＿＿＿＿	➜	＿＿＿＿＿＿
(　　)	＿＿＿＿＿＿	➜	＿＿＿＿＿＿
(　　)	＿＿＿＿＿＿	➜	＿＿＿＿＿＿
(　　)	＿＿＿＿＿＿	➜	＿＿＿＿＿＿
(　　)	＿＿＿＿＿＿	➜	＿＿＿＿＿＿

19. 밑줄 부분 중 어법, 혹은 문맥상 어휘의 쓰임이 어색한 것을 올바르게 고쳐 쓰시오. (5개) 2025_H1_06_38

To monitor our surroundings is to focus on what's ① <u>outside</u> of ourselves: what we see, hear, smell, feel, and perhaps even taste. But sometimes what really marks a place is something less ②<u>specific</u> —a feeling ③<u>within</u> us. An interesting example emerged from a study of subway passenger behavior. Researchers ④<u>trying</u> to understand why people sit ⑤<u>on which</u> they sit or stand ⑥<u>at which</u> they stand in subway and metro trains ⑦ <u>examined</u> the factors that shape the way riders used and navigated that space in different situations. One of their findings ⑧<u>exclude   d</u> the reasons many riders like to plant themselves close to the train's doors. Partly this was the obvious convenience of being able to exit more ⑨<u>quickly</u>. But it was shaped partly by a more ⑩ <u>concrete</u> sensation — the desire to avoid the sometimes ⑪<u>comfortable</u> feeling of accidentally making eye contact with seated passengers. We can't see feelings— but they're very ⑫<u>real</u>, and they ⑬<u>influence</u> our experience of the world.

기호	어색한 표현		올바른 표현
(　　)	＿＿＿＿＿	➜	＿＿＿＿＿
(　　)	＿＿＿＿＿	➜	＿＿＿＿＿
(　　)	＿＿＿＿＿	➜	＿＿＿＿＿
(　　)	＿＿＿＿＿	➜	＿＿＿＿＿
(　　)	＿＿＿＿＿	➜	＿＿＿＿＿

20. 밑줄 부분 중 어법, 혹은 문맥상 어휘의 쓰임이 어색한 것을 올바르게 고쳐 쓰시오. (5개) 2025_H1_06_39

We have a 'diving reflex', like other marine mammals. This means that special nerve endings on our faces, around the mouth and nose, ①<u>ignore</u> this reflex only when the facial region goes ②<u>out of</u> water. If we are in the water, with our head out in the air, there is no diving reflex. But if we sink just our face in a bowl of water, while the whole of the rest of our body is in the dry air, the diving reflex is ③<u>delayed</u>. It automatically closes down the airway, reducing the risk of ④<u>spitting</u> water, and it narrows the small airpassages in the lungs. At the same time the heart rate is slowed down to ⑤ <u>half</u> speed and blood is shunted to the vital organs, protecting them ⑥<u>from</u> the effects of the brief stop in breathing. By contrast, if a chimpanzee or a gorilla ⑦ <u>finds</u> itself in water with its face ⑧<u>below</u> the surface, it would panic, its heart would race and it would quickly ⑨<u>drown</u>.

기호	어색한 표현		올바른 표현
(　　)	＿＿＿＿＿	➜	＿＿＿＿＿
(　　)	＿＿＿＿＿	➜	＿＿＿＿＿
(　　)	＿＿＿＿＿	➜	＿＿＿＿＿
(　　)	＿＿＿＿＿	➜	＿＿＿＿＿
(　　)	＿＿＿＿＿	➜	＿＿＿＿＿

21. 밑줄 부분 중 어법, 혹은 문맥상 어휘의 쓰임이 어색한 것을 올바르게 고쳐 쓰시오. (5개) 2025_H1_06_40

There is a natural ①<u>assumption</u> of truth, or a truth bias when humans ②<u>compete</u> with one another. In other words, when we're listening to others or reading their words, our automatic assumption is that the other person is ③<u>hiding</u> the truth. This usually works out fine. If you ask someone where the restroom is located or if it's raining outside, you can safely assume that most people will not ④<u>tell</u>. Imagine how ⑤<u>difficult</u> it would be to converse with someone if you assumed that everything they were telling you was ⑥<u>false</u>! Indeed, ⑦ <u>question</u> the truth of a statement and then choosing not to believe it requires additional ⑧<u>mental</u> steps. For the most part, humans are "cognitive misers," which means we typically don't ⑨<u>expend</u> more mental effort than seems necessary in a given situation. It makes sense then, that when we see something online, even if it is ⑩<u>rare</u>, our default is to believe it, at least at ⑪<u>first</u>.

기호	어색한 표현		올바른 표현
( )	______________	➔	______________
( )	______________	➔	______________
( )	______________	➔	______________
( )	______________	➔	______________
( )	______________	➔	______________

22. 밑줄 부분 중 어법, 혹은 문맥상 어휘의 쓰임이 어색한 것을 올바르게 고쳐 쓰시오. (5개) 2025_H1_06_41~42

Paying with ①<u>cash</u> fundamentally changes the way we spend money, altering the ②<u>calculus</u> of our financial decisions. When you buy something with cash, the purchase involves an actual ③<u>gain</u> —your wallet is literally ④<u>lighter</u>. Credit cards, however, make the purchase ⑤<u>abstract</u>, so that you don't really feel the downside of spending money. Brainimaging experiments suggest that paying with credit cards actually ⑥<u>reduces</u> activity in the insula, a brain region associated with ⑦ <u>negative</u> feelings. As George Loewenstein, a neuroeconomist at Carnegie Mellon, says, "The nature of credit cards ensures that your brain is anesthetized against the pain of payment." Spending money doesn't feel bad, so you spend ⑧<u>more</u> money. Consider this experiment: Drazen Prelec and Duncan Simester, two business professors at MIT, organized a real life, sealedbid auction for tickets to a Boston Celtics game. Half the participants in the auction were ⑨<u>informed</u> that they had to pay with cash; the other half were told they had to pay with credit cards. Prelec and Simester then ⑩<u>split</u> the bids for the two different groups. It turns out that the average credit card bid was ⑪<u>twice</u> as high as the average cash bid. When people used their credit cards, their bids were much more ⑫<u>careful</u>. They no longer felt the need to ⑬<u>expand</u> their expenses.

기호	어색한 표현		올바른 표현
( )	______________	➔	______________
( )	______________	➔	______________
( )	______________	➔	______________
( )	______________	➔	______________
( )	______________	➔	______________

23. 밑줄 부분 중 어법, 혹은 문맥상 어휘의 쓰임이 어색한 것을 올바르게 고쳐 쓰시오. (5개) 2025_H1_06_43~45

The sun shone in the cloudless sky as Becky, a retired teacher, walked to the fruit market. Across town, Dana was riding a bus ①<u>towards</u> the museum for a job interview. Just before ②<u>reaching</u> her stop, Dana noticed the sky had suddenly ③<u>darkened</u>. Her heart sank—she had no umbrella. As she stepped off the bus next to the market, where Becky had just finished ④<u>to shop</u> , raindrops began to ⑤<u>rise</u>. Dana felt panic. She didn't want to show up to her interview ⑥<u>soaked</u>. She looked around but couldn't find any stores nearby to buy an umbrella, and she didn't have time to ⑦<u>search</u> around. Just then, Becky ⑧<u>approached to</u> her, holding an open umbrella in one hand and a closed one in the other. "Take this," she said with a ⑨<u>smile</u>. Dana's eyes widened. "Are you sure?" Becky nodded. "I always carry an extra on ⑩<u>sunny</u> days." Dana thanked her, took the umbrella, and opened it. She saw a small card tied to the handle. It read: "Cover each other." She was touched by the message. She hurried to the museum, arriving dry and comfortable, and performed well in her interview. The Museum CEO was ⑪<u>impressed</u> by Dana and offered her the Event Manager position, her dream job. Throughout the years ahead, she often thought back to Becky's kind gesture.

Inspired by the memory, Dana created a museum event called "Cover Each Other" with paintings of people ⑫ <u>avoiding</u> others. She donated half of the money from ticket sales to families who ⑬<u>lost</u> their homes to natural disasters. Dana kept Becky's message ⑭<u>framed</u> in her office as a reminder that one kind gesture could change someone's life. The kindness of one stranger had shaped her path, and she made sure it continued to ⑮<u>shape</u> the world.

기호	어색한 표현		올바른 표현
(　　)	＿＿＿＿＿	➜	＿＿＿＿＿
(　　)	＿＿＿＿＿	➜	＿＿＿＿＿
(　　)	＿＿＿＿＿	➜	＿＿＿＿＿
(　　)	＿＿＿＿＿	➜	＿＿＿＿＿
(　　)	＿＿＿＿＿	➜	＿＿＿＿＿

2025 고1 6월 모의고사

❶ voca ❷ text ❸ [/] ❹ _____ ❺ quiz 1 ❻ quiz 2 ❼ quiz 3 ❽ quiz 4 ❾ quiz 5

☑ 다음 글을 읽고 물음에 답하시오. 2025_H1_06_18

Dear Dog Owners,My name is Lily Paxton, and I'm the town's Pet Program Coordinator. ⓐ <u>As part of our goal to making the commodity more dog-friendly, we recently to open a new dog park.</u> The park was [설계되다] _________ to [제공하다] _________ an enjoyable experience for both dogs and owners. There are big grassy areas where your dogs can run, jump, and play. (가) <u>안전을 보장하기 위해, 저희는 소형견과 대형견을 위한 별도의 공간을 마련했습니다.</u> You'll also find lots of benches and areas for resting and staying cool. We hope you will have a [멋진] _________ time with your dogs in this newly opened park.Regards,Lily Paxton, Pet Program Coordinator

1. 힌트를 참고하여 각 빈칸에 알맞은 단어를 쓰시오.

2. 밑줄 친 ⓐ에서, 어법 혹은 문맥상 어색한 부분을 찾아 올바르게 고쳐 쓰시오.

   ⓐ   잘못된 표현   바른 표현

   (   ) ⇨ (   )

   (   ) ⇨ (   )

   (   ) ⇨ (   )

3. 위 글에 주어진 (가)의 한글과 같은 의미를 가지도록, 각각의 주어진 단어들을 알맞게 배열하시오.

(가) to / ensure / safety. / spaces / for / and big dogs, / small dogs / have / separate / We

☑ 다음 글을 읽고 물음에 답하시오. 2025_H1_06_19

Maya [기다리다] _________ in line to check in for her flight. (가) <u>유럽 배낭여행에 대한 그녀의 기대는 아주 높았다.</u> She had been looking forward to the trip for a year. She couldn't wait to [방문하다] _________ museums in Madrid and see the Eiffel Tower at night in Paris. ⓐ <u>As she standing in line, she could to feel those experiences were finally so far.</u> When she [접근하다] _________ the counter, the airline [직원] _________ asked to see her passport. Maya reached into her pocket but felt nothing. She realized she had left her passport at home. Her plans were [망친] _________ . She was heartbroken, knowing she could not [탑승하다] _________ the flight and had to [연기하다] _________ her dream trip.

4. 힌트를 참고하여 각 빈칸에 알맞은 단어를 쓰시오.

5. 밑줄 친 ⓐ에서, 어법 혹은 문맥상 어색한 부분을 찾아 올바르게 고쳐 쓰시오.

   ⓐ   잘못된 표현   바른 표현

   (   ) ⇨ (   )

   (   ) ⇨ (   )

   (   ) ⇨ (   )

6. 위 글에 주어진 (가)의 한글과 같은 의미를 가지도록, 각각의 주어진 단어들을 알맞게 배열하시오.

(가) about / high. / her European / really / backpacking / trip / Her expectations / were

☑ **다음 글을 읽고 물음에 답하시오.** 2025_H1_06_20

People often ask me, "What ^{놀라게하다} __________ you most about habits?" ⓐ <u>One thing what continually astonishes me is the degree in which we're influencing by sheer convenience.</u> The amount of effort, time, or decision making ^{요구하는} __________ by an action has a huge influence on habit ^{형성} __________ . To a truly ^{놀라운} __________ extent, we're more likely to do something if it's convenient, and less likely if it's not. (가) <u>이런 이유로, 우리는 습관으로 만들고 싶은 행동의 편리성에 세심한 주의를 기울여야 한다.</u> Putting a wastebasket next to our front door made mail ^{분류} __________ slightly more convenient, and I stopped ^{미루는 것} __________ with this chore. Many people report that they do a much better job of staying close to ^먼 __________ family members now that tools like group chats make it easy to stay in touch. *sheer: 순전한 **procrastinate: 미루다

7. 힌트를 참고하여 각 빈칸에 알맞은 단어를 쓰시오.

8. 밑줄 친 ⓐ에서, 어법 혹은 문맥상 어색한 부분을 찾아 올바르게 고쳐 쓰시오.

    ⓐ   잘못된 표현   바른 표현

    (   ) ⇨ (   )

    (   ) ⇨ (   )

    (   ) ⇨ (   )

9. 위 글에 주어진 (가)의 한글과 같은 의미를 가지도록, 각각의 주어진 단어들을 알맞게 배열하시오.

(가) we / to the / this reason, / pay / activity / we / should / a habit. / convenience / into / of any / to make / close attention / want / For

☑ **다음 글을 읽고 물음에 답하시오.** 2025_H1_06_21

It is common sense that people's inner ^{신념} __________ may drive their ^{외적인} __________ behavior. (가) <u>만약 당신이 어떤 사람에게 끌린다면, 당신은 그 사람과 더 어울리려고 할 것이다.</u> If you favor a brand of ^{치약} __________ , you're more likely to buy it. ⓐ <u>Of course, our external thoughts don't always to predict our private behavior, but, overall, what we do obviously reflecting what we think.</u> But beliefs and behaviors are also related in a more ^{놀라운} __________ way. It turns out that the ^{화살} __________ is as likely to point in the ^{반대의} __________ direction. As social psychologist David Myers observes, "If social psychology has taught us anything during the last 25 years, it is that we are likely not only to think ourselves into a way of acting but also to act ourselves into a way of thinking."

10. 힌트를 참고하여 각 빈칸에 알맞은 단어를 쓰시오.

11. 밑줄 친 ⓐ에서, 어법 혹은 문맥상 어색한 부분을 찾아 올바르게 고쳐 쓰시오.

    ⓐ   잘못된 표현   바른 표현

    (   ) ⇨ (   )

    (   ) ⇨ (   )

    (   ) ⇨ (   )

    (   ) ⇨ (   )

12. 위 글에 주어진 (가)의 한글과 같은 의미를 가지도록, 각각의 주어진 단어들을 알맞게 배열하시오.

(가) a certain / attracted to / person, / to socialize / with / that person. / If / you're / more likely / should be / you

☑ **다음 글을 읽고 물음에 답하시오.** 2025_H1_06_22

Imagine following the ^{정신}______ of a silence ^{서약}____ into daily life. Challenge yourself to spend an ^{온종일}______ day saying only what you ^{반드시}________ must say. ⓐ <u>It's been narrowly observed by behavioral psychology experts —and anyone who's ever being on a first date—that we too rarely tend to treat "conversation" as a game of waited for our own turn to speak.</u> We miss what's being said because we're ^{머릿속으로}________ rehearsing our next ^{발언}________ . What if you could ^{제거하다}________ the idea that the next available minisilence is your next opening to ^{표현하다}_______ whatever is in your head? What if you were limited to, say, fifty spoken words tomorrow? I think you'd listen ^{매우}______ differently. You'd ^{집중하다}______ quite carefully to every word you heard. You'd be ^{맞추다}________ to what you must respond to. (가) <u>당신은 말을 줄일수록, 더 많이 듣게 된다는 것을 발견할지도 모른다.</u>* vow: 서약 **utterance: 발언 ***attune: 맞추다

13. 힌트를 참고하여 각 <u>빈칸에 알맞은</u> 단어를 쓰시오.

14. 밑줄 친 ⓐ에서, 어법 혹은 문맥상 어색한 부분을 찾아 올바르게 고쳐 쓰시오.

 ⓐ 잘못된 표현   바른 표현
  (   ) ⇨ (   )
  (   ) ⇨ (   )
  (   ) ⇨ (   )
  (   ) ⇨ (   )

15. 위 글에 주어진 (가)의 한글과 같은 의미를 가지도록, 각각의 주어진 단어들을 알맞게 배열하시오.

(가) you / discover / that / you / say, / might / You / the less / hear. / the more

☑ **다음 글을 읽고 물음에 답하시오.** 2025_H1_06_23

(가) <u>과학은 물리적 세계에 대한 관찰을 축적하고 이해하는 것과 관련이 있다.</u> That understanding ^{단독으로}______ ^{해결하다}______ no problems. Individual people have to act on that understanding for it to help solve problems. For instance, science has found that regular exercise can ^{낮추다}______ your ^{위험}_____ of heart disease. ⓐ <u>Known this fact is interesting, but it will do everything for your personal health unless you acting on it and actually exercise.</u> And that's the hard part. Reading an article about exercise is easy. Getting into an actual routine of ^{규칙적인}________ exercise is harder. In this sense, science really solves no problems at all. Problems are only solved when people take the ^{지식}________ provided by science and use it. In fact, many of humanity's biggest problems are caused by ^{부족}_____ of action, and not lack of knowledge.* accumulate: 축적하다

16. 힌트를 참고하여 각 <u>빈칸에</u> 알맞은 단어를 쓰시오.

17. 밑줄 친 ⓐ에서, 어법 혹은 문맥상 어색한 부분을 찾아 올바르게 고쳐 쓰시오.

 ⓐ 잘못된 표현   바른 표현
  (   ) ⇨ (   )
  (   ) ⇨ (   )
  (   ) ⇨ (   )

18. 위 글에 주어진 (가)의 한글과 같은 의미를 가지도록, 각각의 주어진 단어들을 알맞게 배열하시오.

(가) physical / Science / accumulating / and understanding / world. / is / of the / concerned with / observations

☑ 다음 글을 읽고 물음에 답하시오. 2025_H1_06_24

We think we're being 논리적인 ________ , 객관적인 ________ , and 합리적인 ________ —and therefore 정확한 ________ in our 분석 ________ , judgment, and decisions. So we think that if other people are 논리적인 ________ , 객관적인 ________ , and 합리적인 ________, they will agree with us and see what we see. But the 반대 ________ is the case. Every human brain is different. Everyone's life experience is different. Everyone's 욕망 ________ and knowledge are different. ⓐ <u>You might thought you're being realistic — that is, what your ideas matched reality, but that's possible</u> . (가) <u>그것은 현실에 대한 당신의 해석일 뿐이며, 다른 사람의 것과 항상 다를 것이다.</u> When two 국가 ________ play each other in the World Cup, the fans of each country 비판하다 ________ the 심판 ________ for missing all the 반칙 ________ that the other team commits. Without fail, each fan base believes that the referees are 편파적인 ________ against their team.* infraction: 위반

19. 힌트를 참고하여 각 <u>빈칸에</u> 알맞은 단어를 쓰시오.

20. 밑줄 친 ⓐ에서, 어법 혹은 문맥상 어색한 부분을 찾아 올바르게 고쳐 쓰시오.
ⓐ   잘못된 표현   바른 표현
   (   ) ⇨ (   )
   (   ) ⇨ (   )
   (   ) ⇨ (   )
   (   ) ⇨ (   )

21. 위 글에 주어진 (가)의 한글과 같은 의미를 가지도록, 각각의 주어진 단어들을 알맞게 배열하시오.

(가) someone / interpretation / else's. / your / It's only / will / which / different / always be / from / of reality,

☑ 다음 글을 읽고 물음에 답하시오. 2025_H1_06_25

The graph 위의 ________ shows the online share of 소매 ________ trade in 선정된 ________ European countries in 2018 and 2019. In 2019, the United Kingdom 기록했다 ________ the highest online share of 소매 ________ trade, reaching 19.2 percent. ⓐ <u>The Netherlands showing the largest increase in its online sharing of retail trade among the counties from 2018 to 2019, with a jump of over 6 percentage points.</u> In 2018, Germany had a higher online share of retail trade than the Netherlands, whereas, in 2019, Germany fell 뒤의 ________ the Netherlands. In 2018, Germany's online share of retail trade was over three 배 ________ higher than that of Spain. (가) <u>다섯 국가들 중, 이탈리아는 2018년과 2019년 모두 소매 거래에서 가장 낮은 온라인 점유율을 기록하였다.</u>

22. 힌트를 참고하여 각 <u>빈칸에</u> 알맞은 단어를 쓰시오.

23. 밑줄 친 ⓐ에서, 어법 혹은 문맥상 어색한 부분을 찾아 올바르게 고쳐 쓰시오.
ⓐ   잘못된 표현   바른 표현
   (   ) ⇨ (   )
   (   ) ⇨ (   )
   (   ) ⇨ (   )

24. 위 글에 주어진 (가)의 한글과 같은 의미를 가지도록, 각각의 주어진 단어들을 알맞게 배열하시오.

(가) countries, / share / trade / the lowest / and 2019. / recorded / 2018 / Italy / of retail / the five / Among / in / both / online

☑ **다음 글을 읽고 물음에 답하시오.** 2025_H1_06_26

Edward O. Wilson was born in Birmingham, Alabama, in 1929. ⓐ <u>In his++early childhood, he became interested++in nature and++spent much time in++the outdoors.</u>/In his early childhood, he became interested in nature and spent much time in the outdoors./어린 시절에, 그는 자연에 관심을 갖게 되었고 야외에서 많은 시간을 보냈다. At age seven, he was ________ 부분적으로 blinded in a 낚시 ________ accident; his 좁아진 ________ 시야 ________ led Wilson to the study of ants. He could not 관찰하다 ________ larger animals from a 거리 ________ . Instead, he 집중했다 ____________ on smaller creatures he could study up close. ⓑ <u>After to study evolutionary biology at the University of Alabama, Wilson transferred to Harvard University, what he to become a professor in 1956.</u> He never 받다 ________ a Nobel Prize—the prize didn't recognize research in the 분야 ________ of evolutionary biology. However, he was 수상하다 ________ the Crafoord Prize in 1990. Wilson, known to some as the "modern-day Darwin", died at the age of 92 in Massachusetts.

25. 힌트를 참고하여 각 <u>빈칸에</u> 알맞은 단어를 쓰시오.

26. 밑줄 친 ⓐ에서, 어법 혹은 문맥상 어색한 부분을 찾아 올바르게 고쳐 쓰시오.

 ⓐ 잘못된 표현   바른 표현
  (   ) ⇨ (   )
  (   ) ⇨ (   )
  (   ) ⇨ (   )

27. 위 글에 주어진 (가)의 한글과 같은 의미를 가지도록, 각각의 주어진 단어들을 알맞게 배열하시오.

(가) nature / time / interested in / In / in the / and spent / became / outdoors. / much / childhood, / he / his early

☑ **다음 글을 읽고 물음에 답하시오.** 2025_H1_06_29

Studies of experts 제공하다 ________ 통찰력 ________ into what it means to have deep and flexible understanding. Experts in a 특정한 ________ 분야 ________ are people who have deep, richly 상호 연결된 ____________ ideas about the world. (가) <u>그들은 단순히 생각을 잘 하는 사람이거나 유난히 똑똑한 사람이 아니다.</u> Rather, experts have knowledge in a specific domain—such as chess, chemistry, or tennis —and are not generalists. However, experts do not just know "a bunch of facts." ⓐ <u>In fact, having expertise in a topic mean that knowledge is organizing into coherent frameworks, and the expert understanding the interrelationship between facts and can distinguish where ideas are most central.</u> This kind of deep but organized understanding 가능하게 하다 ________ for greater 유연성 ________ in learning and 촉진하다 ________ 적용 ________ across 다양한 ________ 맥락 ________ .* coherent: 일관성 있는

28. 힌트를 참고하여 각 <u>빈칸에</u> 알맞은 단어를 쓰시오.

29. 밑줄 친 ⓐ에서, 어법 혹은 문맥상 어색한 부분을 찾아 올바르게 고쳐 쓰시오.

 ⓐ 잘못된 표현   바른 표현
  (   ) ⇨ (   )
  (   ) ⇨ (   )
  (   ) ⇨ (   )
  (   ) ⇨ (   )

30. 위 글에 주어진 (가)의 한글과 같은 의미를 가지도록, 각각의 주어진 단어들을 알맞게 배열하시오.

(가) who are / or people / They / not just / exceptionally / are / good / thinkers / smart.

☑ 다음 글을 읽고 물음에 답하시오. 2025_H1_06_30

It is 당연한 ________ for people to 관찰하다 ________ happenings and then seek 설명 ________ for why those happenings occurred. But sometimes the 추론 ________ is wrong because of one or more 오해 ________ . ⓐ One of these being the ecological fallacy, where an argument to claim that there is a causal relationship between two things merely because they occurs together. For example, in the 1950s it was found that 범죄 ________ rates were the highest in 인근 ________ where 이민자 ________ were most numerous. Some people used this "co-occurrence" to argue that 이민자 ________ were a cause of crime. But a careful 분석 ________ of this situation 밝히다 ________ that immigrants were 강요된 ________ to live in neighborhoods where crime rates were already high ; they could not 감당하다 ________ more expensive housing in safer neighborhoods. Immigrants themselves 저지르다 ________ very few of the crimes. (가) 그 주장을 주의 깊게 분석하지 않으면, 당신은 그 관계를 잘못 해석하여 잘못된 믿음을 형성할 수 있다.

31. 힌트를 참고하여 각 빈칸에 알맞은 단어를 쓰시오.

32. 밑줄 친 ⓐ에서, 어법 혹은 문맥상 어색한 부분을 찾아 올바르게 고쳐 쓰시오.

   ⓐ   잘못된 표현   바른 표현

   (   ) ⇨ (   )

   (   ) ⇨ (   )

   (   ) ⇨ (   )

33. 위 글에 주어진 (가)의 한글과 같은 의미를 가지도록, 각각의 주어진 단어들을 알맞게 배열하시오.

(가) construct / you / belief. / and thereby / would / a faulty / analyze / carefully, / you / misinterpret / the relationship / Unless / the claim

☑ 다음 글을 읽고 물음에 답하시오. 2025_H1_06_31

In everyday life, we use 이전의 ________ experience to predict where we should pay attention. Different 환경 ________ create different 기대 ________ . This was 깊이 있게 ________ illustrated by the scientist Jared Diamond in his book Guns, Germs, and Steel. (가) 그는 New Guinea 정글을 New Guinea 원주민들과 함께 돌아다닌 모험을 묘사한다. He relates that these natives tend to 수행하다 ________ poorly at tasks Westerners have been trained to do since 유년기 ________ . But they are hardly stupid. ⓐ They can detach the most subtle changes in the jungle, good for followed the tracks of a prey or for finding the way back home. They know which 곤충 ________ to leave alone, know where food exists, can 짓다 ________ and tear down shelters with ease. Diamond, who had never spent time in such places, has no 능력 ________ to pay attention to these things. Were he to be tested on such tasks, he also would perform poorly.* profoundly: 심오하게 **subtle: 미묘한

34. 힌트를 참고하여 각 빈칸에 알맞은 단어를 쓰시오.

35. 밑줄 친 ⓐ에서, 어법 혹은 문맥상 어색한 부분을 찾아 올바르게 고쳐 쓰시오.

   ⓐ   잘못된 표현   바른 표현

   (   ) ⇨ (   )

   (   ) ⇨ (   )

   (   ) ⇨ (   )

36. 위 글에 주어진 (가)의 한글과 같은 의미를 가지도록, 각각의 주어진 단어들을 알맞게 배열하시오.

(가) with / describes / wandering / an adventure / the New Guinea / jungle / He / through / New Guineans. / native

☑ **다음 글을 읽고 물음에 답하시오.** 2025_H1_06_32

Most ^{기업가} _____________ put in ^{엄청난} ___________ amounts of time and effort in creating and launching new products and services and then make the mistake of overpricing them. ⓐ <u>They have creating something they care deeply about, it's theirs, and this powerful sense of ownership to distort their perception of value which caused them to underprice their products.</u> While many of them are quick to ^{깨닫다} _________ that their ^{초기의} _________ prices are too high, not all these people are happy or willing to drop their prices to make their products more ^{매력적인} ___________ . (가) <u>그리고 이것은 그들의 새로운 사업의 실패를 초래할 수 있는 손해가 매우 큰 실수가 될 수 있다.</u> When you launch a new product or service, your ^{우선순위} _________ should be to get ^{충분한} _________ market ^{점유} _________ as soon as possible and you should be ready to sacrifice your initial prices and ^{수익} _________ to ^{달성하다} _________ this aim. Once you have strong sales volumes, you can increase your prices to ^{극대화하다} _________ your profits.

37. 힌트를 참고하여 각 <u>빈칸에 알맞은</u> 단어를 쓰시오.

38. 밑줄 친 ⓐ에서, 어법 혹은 문맥상 어색한 부분을 찾아 올바르게 고쳐 쓰시오.

ⓐ 　　　 잘못된 표현 　　　　　　　 바른 표현

(　　　　　　　) ⇨ (　　　　　　　　)
(　　　　　　　) ⇨ (　　　　　　　　)
(　　　　　　　) ⇨ (　　　　　　　　)
(　　　　　　　) ⇨ (　　　　　　　　)

39. 위 글에 주어진 (가)의 한글과 같은 의미를 가지도록, 각각의 주어진 단어들을 알맞게 배열하시오.

(가) this / to the failure / that / of their / business. / And / costly / can be / a very / new / mistake / may lead

☑ **다음 글을 읽고 물음에 답하시오.** 2025_H1_06_33

ⓐ <u>In most respects, humans are one of a relatively big number of species what evolved a very different strategy of invest more energy to produce more slowly.</u> Like apes and elephants, we ^{성숙하다} _______ at a ^{천천히} _________ pace, grow large bodies, and have few babies but ^{투자하다} _______ much time and energy to raising them well. (가) <u>유인원과 코끼리는 생쥐보다 더 적은 수의 ^{새끼}를 낳지만, 그들의 새끼 중 더 높은 비율이 살아남아서 번식하기 때문에 이 특이한 전략은 성공한다.</u> A house mouse can become a mother when she is just five weeks old, has four to ten ^{새끼} _____ per litter, and can have a new litter every two months over the course of her ^{대략} ___________ twelvemonth life. However, the vast ^{대다수} ________ of her pups die young. In contrast, a chimp or elephant mother does not ^{번식하다} _________ until she is at least twelve years old, and she gives birth to only one ^{새끼} _______ every five or six years over the next thirty or so years. About half of these ^{새끼} _________ make it to becoming parents.

40. 힌트를 참고하여 각 빈칸에 알맞은 단어를 쓰시오.

41. 밑줄 친 ⓐ에서, 어법 혹은 문맥상 어색한 부분을 찾아 올바르게 고쳐 쓰시오.

  ⓐ   잘못된 표현   바른 표현

  (   ) ⇨ (   )

  (   ) ⇨ (   )

  (   ) ⇨ (   )

  (   ) ⇨ (   )

42. 위 글에 주어진 (가)의 한글과 같은 의미를 가지도록, 각각의 주어진 단어들을 알맞게 배열하시오.

(가) babies / reproduce. / unusual / produce / succeeds / fewer / while / their offspring / because / percentage of / a larger / and elephants / strategy / survive / to / This / then / than mice, / apes

---

☑ **다음 글을 읽고 물음에 답하시오.** 2025_H1_06_34

When scientists make an important new ^{발견} _________ or experimentally ^{증명하다} _______ some hypothesis, they do not, in general, keep that information to themselves so that they alone can consider its meaning and ^{도출하다} _______ additional ^{이론} _________ from it. (가) <u>대신에, 그들은 자신의 결과를 발표하고 그들의 데이터가 점검 가능하도록 한다.</u> This makes it possible for other scientists to ^{재고하다} _________ their data and possibly ^{반박하다} _______ their conclusions. ⓐ <u>More important, though, it to make it possible for others scientists to use that data to construction new hypotheses and perform new experiments.</u> The ^{가정} _________ is that society as a whole will end up knowing more if information is spread as widely as possible, rather than being ^{제한된} _______ to a few people. In a strict sense, every scientist depends on the work of other scientists.

43. 힌트를 참고하여 각 빈칸에 알맞은 단어를 쓰시오.

44. 밑줄 친 ⓐ에서, 어법 혹은 문맥상 어색한 부분을 찾아 올바르게 고쳐 쓰시오.

  ⓐ   잘못된 표현   바른 표현

  (   ) ⇨ (   )

  (   ) ⇨ (   )

  (   ) ⇨ (   )

45. 위 글에 주어진 (가)의 한글과 같은 의미를 가지도록, 각각의 주어진 단어들을 알맞게 배열하시오.

(가) Instead, / their data / their results / for inspection. / and make / available / publish / they

☑ **다음 글을 읽고 물음에 답하시오.** 2025_H1_06_35

In the 1930s, the British psychologist Sir Frederic Bartlett asked people to listen to ^{민간설화} __________ from other countries and then ^{생각해내다} _______ these stories at a later date. As you might guess, unfamiliar stories were not remembered as well as familiar stories. Surprisingly, however, ^{오류} _______ in ^{기억} _______ were not random. ⓐ <u>Rather, subjects often rewriting similar parts of the stories in their own minds—particularly the parts what made the most sense to them.</u> Bartlett ^{결론짓다} __________ that when facing problems, humans draw upon mental schemata, or shelves of stored ^{지식} __________ in our brains, to fill in any ^{사소한} _______ 틈 _____ in our memories. (가) <u>따라서, 기억하는 것은 과거의 경험을 기반으로 하는 것을 포함하는 상상의 과정이다.</u> *folktale: 민간 설화

46. 힌트를 참고하여 각 빈칸에 알맞은 단어를 쓰시오.

47. 밑줄 친 ⓐ에서, 어법 혹은 문맥상 어색한 부분을 찾아 올바르게 고쳐 쓰시오.

   ⓐ   잘못된 표현   바른 표현

    (   ) ⇨ (   )

    (   ) ⇨ (   )

    (   ) ⇨ (   )

48. 위 글에 주어진 (가)의 한글과 같은 의미를 가지도록, 각각의 주어진 단어들을 알맞게 배열하시오.

(가) that / Therefore, / past experiences. / process / remembering / involves / building / is / upon / an imaginative

---

☑ **다음 글을 읽고 물음에 답하시오.** 2025_H1_06_36

History, people often say, ^{반복하다} _______ itself. And looking at the historical ^{기록} _______ of the ^{고대의} _______ civilizations, some things do seem to happen again and again. ⓐ <u>Civilizations expend , get overextended, and than collapse as in the cases of Rome, which gone under in 476 AD, and the British Empire, which fell apart more then a thousand years later in the post—World War II era.</u> But is this always the case? If so, ^{고고학} __________ would be pretty boring; one thing would happen again and again. But that's not what archaeologists see. Some civilizations end suddenly, like the Aztec and Inca, ^{정복하다} _______ by ^{침입자} _______ in the 1520s AD. (가) <u>그러한 제국들은 과도한 확장의 결과로 붕괴할 기회조차 없었다.</u> So in the case of civilizations, "history repeats itself" seems to be an ^{지나친 단순화} ________________ .

49. 힌트를 참고하여 각 빈칸에 알맞은 단어를 쓰시오.

50. 밑줄 친 ⓐ에서, 어법 혹은 문맥상 어색한 부분을 찾아 올바르게 고쳐 쓰시오.

   ⓐ   잘못된 표현   바른 표현

    (   ) ⇨ (   )

    (   ) ⇨ (   )

    (   ) ⇨ (   )

    (   ) ⇨ (   )

51. 위 글에 주어진 (가)의 한글과 같은 의미를 가지도록, 각각의 주어진 단어들을 알맞게 배열하시오.

(가) had / empires / to / Those / collapse / as a result of / overexpansion. / the chance / never

☑ **다음 글을 읽고 물음에 답하시오.** 2025_H1_06_37

Stanford psychology professor Dr. Carol Dweck is the ^{국제적으로} _______________ recognized ^{선구자} _________ of the concept of "growth mindset" as a way to continually grow, learn, and ^{인내하다} _________ in our efforts. ⓐ <u>Dweck finding that kids who are told they're "smart" actually perform in future tasks, by choosing easier tasks to avoiding evidence that they are not smart, which Dweck calls had a "fixed mindset."</u> In contrast, Dweck found, kids who are praise not for their smarts but for their effort develop that Dweck calls a "growth mindset." They learn that their ^{노력} _________ is what led to their success, and if they continue to try, over time they'll ^{향상하다} _________ and ^{달성하다} _________ more things. (가) <u>이 아이들은 결국 더 힘든 일을 받아들이고, 스스로에 대해 더 좋은 느낌을 갖게 된다.</u> "Emphasizing effort gives a child a ^{변수} _________ that they can control," Dweck has explained.

52. 힌트를 참고하여 각 빈칸에 알맞은 단어를 쓰시오.

53. 밑줄 친 ⓐ에서, 어법 혹은 문맥상 어색한 부분을 찾아 올바르게 고쳐 쓰시오.

   ⓐ   잘못된 표현   바른 표현

   (   ) ⇨ (   )

   (   ) ⇨ (   )

   (   ) ⇨ (   )

   (   ) ⇨ (   )

   (   ) ⇨ (   )

   (   ) ⇨ (   )

54. 위 글에 주어진 (가)의 한글과 같은 의미를 가지도록, 각각의 주어진 단어들을 알맞게 배열하시오.

(가) things, / about / end up / taking on / themselves. / These / and feel better / tougher / kids

☑ 다음 글을 읽고 물음에 답하시오. 2025_H1_06_38

To ^{살피다} ________ our surroundings is to focus on what's outside of ourselves: what we see, hear, smell, feel, and ^{어쩌면} ________ even taste. But sometimes what really marks a place is something less ^{구체적인} ________ —a feeling within us. (가) 흥미로운 예가 지하철 승객 행동 에 관한 연구에서 나왔다. ⓐ <u>Researchers trying to understood why people sit what they sit or stand where they stand in subway and metro trains examining the factors that shape the way riders to use and navigated that space in different situations.</u> One of their findings ^{포함하는} ________ the reasons many riders like to plant themselves close to the train's doors. ^{부분적으로} ________ this was the ^{명확한} ________ ^{편리성} ________ of being able to exit more quickly. But it was shaped partly by a more ^{추상적인} ________ ^{느낌} ________ — the ^{욕구} ________ to avoid the sometimes uncomfortable feeling of accidentally making eye contact with ^{앉아있는} ________ passengers. We can't see feelings —but they're very real, and they ^{영향을 미치다} ________ our experience of the world.

55. 힌트를 참고하여 각 <u>빈칸에</u> 알맞은 단어를 쓰시오.

56. 밑줄 친 ⓐ에서, 어법 혹은 문맥상 어색한 부분을 찾아 올바르게 고쳐 쓰시오.

   ⓐ   잘못된 표현   바른 표현

   (   ) ⇨ (   )

   (   ) ⇨ (   )

   (   ) ⇨ (   )

   (   ) ⇨ (   )

57. 위 글에 주어진 (가)의 한글과 같은 의미를 가지도록, 각각의 주어진 단어들을 알맞게 배열하시오.

(가) a study of / from / passenger / behavior. / emerged / An interesting / example / subway

☑ 다음 글을 읽고 물음에 답하시오. 2025_H1_06_39

We have a 'diving reflex', like other ^{해양의} ________ mammals. ⓐ <u>This means what special nerve endings on our faces, around the mouth and nose, to trigger this reflex only during the facial region goes under water.</u> If we are in the water, with our head out in the air, there is no diving reflex. But if we ^{잠수하다} ________ just our face in a bowl of water, while the whole of the rest of our body is in the dry air, the diving reflex is triggered. (가) <u>이것은 기도를 자동으로 닫아, 물을 삼킬 위험을 줄이고, 폐 속의 작은 공기 통로를 좁힌다.</u> At the same time the heart rate is slowed down to half speed and blood is ^{옆으로} ^{보내지다} ________ to the ^{중요한} ________ ^{장기} ________ , protecting them from the effects of the ^{잠시} ________ stop in breathing. By contrast, if a chimpanzee or a gorilla found itself in water with its face below the surface, it would panic, its heart would race and it would quickly drown.

58. 힌트를 참고하여 각 <u>빈칸에</u> 알맞은 단어를 쓰시오.

59. 밑줄 친 ⓐ에서, 어법 혹은 문맥상 어색한 부분을 찾아 올바르게 고쳐 쓰시오.

   ⓐ   잘못된 표현   바른 표현

   (   ) ⇨ (   )

   (   ) ⇨ (   )

   (   ) ⇨ (   )

60. 위 글에 주어진 (가)의 한글과 같은 의미를 가지도록, 각각의 주어진 단어들을 알맞게 배열하시오.

(가) down / water, / swallowing / in the lungs. / and it narrows / the small / reducing / the airway, / airpassages / automatically closes / the risk of / It

☑ **다음 글을 읽고 물음에 답하시오.** 2025_H1_06_40

(가) 인간이 서로 소통할 때 진실에 대한 자연스러운 가정, 즉 진실 편향이 있다. In other words, when we're listening to others or reading their words, our ^{자동적인}__________ ^{가정}__________ is that the other person is telling the truth. This usually works out fine. ⓐ If you to ask someone where the restroom is locates or if it's raining outside, you can dangerously assume that most people will not lie in their responses. Imagine how difficult it would be to ^{이야기하다}__________ with someone if you assumed that everything they were telling you was false! Indeed, questioning the truth of a ^{진술}__________ and then choosing not to believe it requires additional ^{정신적인}_______ steps. For the most part, humans are "cognitive ^{구두쇠}_______," which means we ^{보편적으로}__________ don't ^{들이다}_______ more mental effort than seems ^{필요한}__________ in a ^{주어진}_______ situation. It makes sense then, that when we see something online, even if it is fake, our ^{기본값}________ is to believe it, at least at first.

61. 힌트를 참고하여 각 빈칸에 알맞은 단어를 쓰시오.

62. 밑줄 친 ⓐ에서, 어법 혹은 문맥상 어색한 부분을 찾아 올바르게 고쳐 쓰시오.

   ⓐ   잘못된 표현   바른 표현
   (   ) ⇨ (   )
   (   ) ⇨ (   )
   (   ) ⇨ (   )

63. 위 글에 주어진 (가)의 한글과 같은 의미를 가지도록, 각각의 주어진 단어들을 알맞게 배열하시오.

(가) a natural / humans / with / bias / is / when / of truth, / communicate / or a truth / assumption / There / one / another.

☑ **다음 글을 읽고 물음에 답하시오.** 2025_H1_06_41~42

Paying with plastic ^{근본적으로} ______________ changes the way we spend money, ^{바꾸는} __________ the ^{계산법} __________ of our ^{재정적} __________ decisions. When you buy something with cash, the ^{구매하다} __________ involves an actual loss—your wallet is literally lighter. Credit cards, however, make the purchase ^{추상적} __________ , so that you don't really feel the downside of spending money. Brainimaging experiments ^{보여주다} __________ that paying with credit cards ^{실제로} __________ reduces activity in the insula, a brain region ^{관련된} ___________ with ^{부정적인} __________ feelings. As George Loewenstein, a ^{신경경제학자} ___________ at Carnegie Mellon, says, "The nature of credit cards ^{보장하다} __________ that your brain is ^{마비시키다} ____________ against the ^{통증} ______ of payment." ⓐ <u>Spending money doesn't feeling bad, so you to spend more money.</u> Consider this experiment: Drazen Prelec and Duncan Simester, two ^{경영학} __________ professors at MIT, organized a real life, ^{봉인} __________ auction for tickets to a Boston Celtics game. Half the participants in the auction were ^{알린} __________ that they had to pay with cash; the other half were told they had to pay with credit cards. Prelec and Simester then averaged the bids for the two different groups. (가) <u>평균 신용카드 입찰 금액은 평균 현금 입찰 금액의 두 배만큼 높은 것으로 나타났다.</u> When people used their credit cards, their bids were much more careless. They no longer felt the need to ^{억제하다} _______ their expenses.*calculus: 계산법 **anesthetize: 마비시키다 ***bid: 입찰

64. 힌트를 참고하여 각 <u>빈칸에 알맞은</u> 단어를 쓰시오.

65. 밑줄 친 ⓐ에서, 어법 혹은 문맥상 어색한 부분을 찾아 올바르게 고쳐 쓰시오.

 ⓐ   잘못된 표현   바른 표현
  (   ) ⇨ (   )
  (   ) ⇨ (   )

66. 위 글에 주어진 (가)의 한글과 같은 의미를 가지도록, 각각의 주어진 단어들을 알맞게 배열하시오.

(가) cash / was / that / bid. / the average / the average / twice as / high as / turns out / credit card / bid / It

☑ **다음 글을 읽고 물음에 답하시오.** 2025_H1_06_43~45

The sun shone in the cloudless sky as Becky, a ^{퇴직한} _________ teacher, walked to the fruit market. Across town, Dana was riding a bus towards the museum for a job interview. Just before reaching her stop, Dana ^{알아채다} _________ the sky had ^{갑자기} _________ darkened. Her heart sank—she had no umbrella. As she stepped off the bus next to the market, where Becky had just finished shopping, raindrops began to fall. Dana felt panic. She didn't want to show up to her interview soaked. ⓐ <u>She looking around but couldn't find any stores nearby to bought an umbrella, and she didn't have time to searched around.</u> Just then, Becky ^{다가오다} _________ her, holding an open umbrella in one hand and a closed one in the other. "Take this," she said with a smile. Dana's eyes widened. "Are you sure?" Becky nodded. "I always carry an extra on rainy days." Dana thanked her, took the umbrella, and opened it. She saw a small card tied to the handle. It read: "Cover each other." She was ^{감동한} _________ by the message. She hurried to the museum, ^{도착한} _________ dry and comfortable, and performed well in her interview. The Museum CEO was ^{감명받은} _________ by Dana and offered her the Event Manager position, her dream job. Throughout the years ahead, she often thought back to Becky's kind gesture. Inspired by the memory, Dana created a museum event called "Cover Each Other" with paintings of people ^{지지하는} _________ others. (가) <u>그녀는 티켓 판매로 얻은 돈의 절반을 자연재해로 그들의 집을 잃은 가족들에게 기부했다.</u> Dana kept Becky's message framed in her office as a ^{상기시키는 것} _________ that one kind gesture could change someone's life. The kindness of one stranger had shaped her path, and she made sure it continued to shape the world.

67. 힌트를 참고하여 각 빈칸에 알맞은 단어를 쓰시오.

68. 밑줄 친 ⓐ에서, 어법 혹은 문맥상 어색한 부분을 찾아 올바르게 고쳐 쓰시오.

   ⓐ   잘못된 표현   바른 표현

   (   ) ⇨ (   )

   (   ) ⇨ (   )

   (   ) ⇨ (   )

69. 위 글에 주어진 (가)의 한글과 같은 의미를 가지도록, 각각의 주어진 단어들을 알맞게 배열하시오.

(가) their homes / lost / donated / She / half / to / natural / to / of the money / who / from / disasters. / families / ticket sales

정답

WORK BOOK

———

2025 시행 고1 6월 모의고사 내신대비용 WorkBook & 변형문제

 Answers

1) more
2) opened
3) was
4) where
5) separate
6) resting
7) staying
8) newly
9) waited
10) were
11) had
12) see
13) close
14) employee
15) nothing
16) had
17) were
18) knowing
19) that
20) to
21) required
22) remarkable
23) more
24) less
25) pay
26) Putting
27) more
28) procrastinating
29) that
30) that
31) that
32) may
33) more
34) more
35) it
36) internal
37) what
38) remarkable
39) that
40) has
41) act
42) Imagine
43) what
44) widely
45) that
46) treat
47) because
48) whatever
49) differently
50) word
51) what
52) that
53) concerned
54) it
55) that
56) interesting
57) nothing
58) Reading
59) Getting
60) when
61) it
62) many
63) accurate
64) other
65) different
66) different
67) are
68) impossible
69) which
70) criticize
71) the
72) that
73) selected
74) highest
75) reaching
76) largest
77) higher
78) was
79) that
80) lowest
81) was
82) interested
83) outdoors
84) reduced
85) smaller
86) studying
87) where
88) was
89) known
90) flexible
91) are
92) who
93) have
94) that
95) understands
96) distinguish
97) facilitates
98) observe
99) of
100) is
101) that
102) because
103) was
104) that
105) revealed
106) where
107) not
108) construct
109) use
110) create
111) wandering
112) that
113) have
114) detect
115) which
116) had
117) poorly
118) make
119) them
120) distorts
121) overprice
122) that
123) drop
124) that
125) When
126) sufficient
127) sacrifice
128) increase
129) that
130) devote
131) raising
132) because
133) fewer
134) when
135) majority
136) years
137) becoming
138) that
139) derive
140) available
141) other
142) refute
143) other
144) perform
145) knowing
146) a
147) other
148) asked
149) unfamiliar
150) familiar

151) not
152) similar
153) that
154) that
155) fill
156) imaginative
157) looking
158) collapse
159) which
160) which
161) boring
162) conquered
163) collapse
164) seems
165) recognized
166) that
167) easier
168) are
169) what
170) what
171) taking
172) gives
173) is
174) outside
175) less
176) emerged
177) that
178) different
179) themselves
180) obvious
181) abstract
182) uncomfortable
183) influence
184) other
185) trigger
186) facial
187) while
188) is
189) reducing
190) slowed
191) them
192) quickly
193) natural
194) others
195) that
196) assume
197) that
198) choosing
199) which
200) it
201) altering
202) literally
203) abstract
204) that
205) negative
206) that
207) Spending
208) organized
209) were
210) the
211) that
212) high
213) careless
214) walked
215) had
216) where
217) soaked
218) the
219) took
220) was
221) well
222) created
223) others
224) natural
225) that
226) had
227) it

1) more
2) opened
3) was
4) where
5) separate
6) resting
7) staying
8) newly
9) waited
10) were
11) had
12) see
13) close
14) employee
15) nothing
16) had
17) were
18) knowing
19) that
20) to
21) required
22) remarkable
23) more
24) less
25) pay
26) Putting
27) more
28) procrastinating
29) that
30) that
31) that
32) may
33) more
34) more
35) it
36) internal
37) what
38) remarkable
39) that
40) has
41) act
42) Imagine
43) what
44) widely
45) that
46) treat
47) because
48) whatever
49) differently
50) word
51) what
52) that
53) concerned
54) it
55) that
56) interesting
57) nothing
58) Reading
59) Getting
60) when
61) it
62) many
63) accurate
64) other
65) different
66) different
67) are
68) impossible
69) which
70) criticize
71) the
72) that
73) selected
74) highest
75) reaching
76) largest
77) higher

78) was
79) that
80) lowest
81) was
82) interested
83) outdoors
84) reduced
85) smaller
86) studying
87) where
88) was
89) known
90) flexible
91) are
92) who
93) have
94) that
95) understands
96) distinguish
97) facilitates
98) observe
99) of
100) is
101) that
102) because
103) was
104) that
105) revealed
106) where
107) not
108) construct
109) use
110) create
111) wandering
112) that
113) have
114) detect
115) which
116) had
117) poorly
118) make
119) them
120) distorts
121) overprice
122) that
123) drop
124) that
125) When
126) sufficient
127) sacrifice
128) increase
129) that
130) devote
131) raising
132) because
133) fewer
134) when
135) majority
136) years
137) becoming
138) that
139) derive
140) available
141) other
142) refute
143) other
144) perform
145) knowing
146) a
147) other
148) asked
149) unfamiliar
150) familiar
151) not
152) similar
153) that
154) that

155) fill
156) imaginative
157) looking
158) collapse
159) which
160) which
161) boring
162) conquered
163) collapse
164) seems
165) recognized
166) that
167) easier
168) are
169) what
170) what
171) taking
172) gives
173) is
174) outside
175) less
176) emerged
177) that
178) different
179) themselves
180) obvious
181) abstract
182) uncomfortable
183) influence
184) other
185) trigger
186) facial
187) while
188) is
189) reducing
190) slowed
191) them
192) quickly
193) natural
194) others
195) that
196) assume
197) that
198) choosing
199) which
200) it
201) altering
202) literally
203) abstract
204) that
205) negative
206) that
207) Spending
208) organized
209) were
210) the
211) that
212) high
213) careless
214) walked
215) had
216) where
217) soaked
218) the
219) took
220) was
221) well
222) created
223) others
224) natural
225) that
226) had
227) it
1) goal
2) community
3) recently
4) designed

5) provide
6) experience
7) owners
8) grassy
9) separate
10) ensure
11) resting
12) staying
13) newly
14) check
15) flight
16) expectations
17) forward
18) wait
19) stood
20) close
21) approached
22) employee
23) reached
24) felt
25) left
26) ruined
27) board
28) delay
29) habits
30) astonishes
31) degree
32) sheer
33) convenience
34) decision
35) formation
36) extent
37) likely
38) less
39) close
40) attention
41) activity
42) make
43) next
44) sorting
45) procrastinating
46) chore
47) staying
48) distant
49) tools
50) touch
51) common
52) inner
53) beliefs
54) drive
55) external
56) attracted
57) socialize
58) favor
59) buy
60) predict
61) public
62) reflects
63) think
64) related
65) remarkable
66) arrow
67) point
68) reverse
69) taught
70) think
71) acting
72) act
73) thinking
74) silence
75) daily
76) Challenge
77) absolutely
78) observed
79) treat
80) waiting
81) turn

82) miss
83) said
84) rehearsing
85) utterance
86) eliminate
87) available
88) opening
89) express
90) limited
91) listen
92) differently
93) attend
94) word
95) attuned
96) respond
97) less
98) more
99) accumulating
100) observations
101) physical
102) alone
103) act
104) on
105) solve
106) regular
107) risk
108) nothing
109) unless
110) actually
111) hard
112) part
113) easy
114) routine
115) harder
116) take
117) knowledge
118) use
119) action
120) knowledge
121) logical
122) objective
123) rational
124) accurate
125) judgment
126) agree
127) opposite
128) case
129) different
130) experience
131) desires
132) knowledge
133) realistic
134) match
135) impossible
136) interpretation
137) nations
138) other
139) criticize
140) referees
141) infractions
142) commits
143) believes
144) biased
145) against
146) selected
147) recorded
148) highest
149) reaching
150) largest
151) among
152) jump
153) higher
154) whereas
155) fell
156) behind
157) times
158) that

159) recorded
160) both
161) early
162) interested
163) spent
164) outdoors
165) partially
166) reduced
167) sight
168) study
169) observe
170) distance
171) concentrated
172) creatures
173) close
174) transferred
175) received
176) recognize
177) field
178) awarded
179) modern
180) experts
181) insight
182) flexible
183) domain
184) interconnected
185) thinkers
186) exceptionally
187) specific
188) generalists
189) bunch
190) expertise
191) topic
192) organized
193) coherent
194) frameworks
195) interrelationship
196) distinguish
197) ideas
198) central
199) organized
200) flexibility
201) facilitates
202) application
203) contexts
204) natural
205) happenings
206) explanations
207) occurred
208) reasoning
209) misconceptions
210) fallacy
211) argument
212) causal
213) relationship
214) merely
215) together
216) rates
217) neighborhoods
218) immigrants
219) numerous
220) co
221) cause
222) analysis
223) revealed
224) forced
225) already
226) afford
227) expensive
228) safer
229) committed
230) few
231) Unless
232) misinterpret
233) relationship
234) faulty
235) previous
236) predict
237) attention
238) environments
239) expectations
240) profoundly
241) wandering
242) native
243) relates
244) poorly
245) tasks
246) trained
247) childhood
248) hardly
249) detect
250) subtle
251) tracks
252) leave
253) exists
254) tear
255) shelters
256) ease
257) ability
258) pay
259) tested
260) perform
261) tremendous
262) launching
263) mistake
264) overpricing
265) care
266) ownership
267) distorts
268) perception
269) causes
270) quick
271) initial
272) high
273) willing
274) drop
275) attractive
276) costly
277) failure
278) business
279) launch
280) priority
281) sufficient
282) adoption
283) soon
284) sacrifice
285) prices
286) profits
287) achieve
288) aim
289) strong
290) volumes
291) increase
292) maximize
293) small
294) species
295) evolved
296) strategy
297) investing
298) reproduce
299) slowly
300) mature
301) leisurely
302) pace
303) bodies
304) few
305) devote
306) raising
307) unusual
308) succeeds
309) produce
310) larger
311) offspring
312) survive

313) mother
314) litter
315) course
316) majority
317) young
318) until
319) birth
320) infant
321) make
322) parents
323) discovery
324) prove
325) hypothesis
326) themselves
327) alone
328) consider
329) derive
330) theories
331) publish
332) results
333) available
334) inspection
335) reconsider
336) refute
337) possible
338) construct
339) perform
340) experiments
341) whole
342) end
343) knowing
344) spread
345) widely
346) limited
347) strict
348) depends
349) other
350) folktales
351) recall
352) date
353) unfamiliar
354) remembered
355) familiar
356) errors
357) random
358) subjects
359) rewrote
360) least
361) facing
362) draw
363) schemata
364) stored
365) fill
366) gaps
367) imaginative
368) building
369) past
370) experiences
371) repeats
372) itself
373) records
374) ancient
375) expand
376) overextended
377) collapse
378) under
379) apart
380) era
381) case
382) archaeology
383) boring
384) suddenly
385) conquered
386) invaders
387) empires
388) chance
389) collapse

390) overexpansion
391) civilizations
392) oversimplification
393) pioneer
394) concept
395) continually
396) persevere
397) told
398) underperform
399) future
400) easier
401) avoid
402) evidence
403) fixed
404) praised
405) effort
406) led
407) success
408) continue
409) try
410) improve
411) achieve
412) tougher
413) themselves
414) Emphasizing
415) variable
416) control
417) monitor
418) surroundings
419) outside
420) marks
421) specific
422) feeling
423) emerged
424) behavior
425) why
426) where
427) factors
428) shape
429) navigated
430) space
431) situations
432) plant
433) close
434) convenience
435) exit
436) abstract
437) sensation
438) desire
439) uncomfortable
440) accidentally
441) seated
442) real
443) influence
444) mammals
445) nerve
446) trigger
447) facial
448) region
449) out
450) no
451) sink
452) rest
453) dry
454) triggered
455) automatically
456) closes
457) airway
458) risk
459) swallowing
460) narrows
461) airpassages
462) rate
463) slowed
464) shunted
465) vital
466) protecting

467) brief
468) breathing
469) found
470) below
471) surface
472) panic
473) race
474) drown
475) assumption
476) bias
477) communicate
478) listening
479) reading
480) automatic
481) telling
482) truth
483) fine
484) located
485) safely
486) lie
487) responses
488) difficult
489) converse
490) false
491) questioning
492) statement
493) believe
494) additional
495) steps
496) cognitive
497) expend
498) effort
499) necessary
500) given
501) fake
502) default
503) first
504) Paying
505) fundamentally
506) spend
507) altering
508) calculus
509) financial
510) cash
511) purchase
512) loss
513) lighter
514) abstract
515) downside
516) reduces
517) activity
518) region
519) negative
520) nature
521) ensures
522) anesthetized
523) pain
524) Spending
525) more
526) organized
527) sealed
528) auction
529) participants
530) informed
531) cash
532) other
533) averaged
534) different
535) turns
536) high
537) careless
538) need
539) limit
540) expenses
541) shone
542) towards
543) interview

544) reaching
545) noticed
546) darkened
547) sank
548) stepped
549) finished
550) panic
551) show
552) soaked
553) nearby
554) search
555) approached
556) Take
557) extra
558) tied
559) touched
560) hurried
561) arriving
562) comfortable
563) performed
564) impressed
565) offered
566) position
567) Throughout
568) gesture
569) Cover
570) supporting
571) sales
572) framed
573) reminder
574) kind
575) change
576) kindness
577) stranger
578) shaped
579) path
580) sure
581) continued
1) goal
2) community
3) recently
4) designed
5) provide
6) experience
7) owners
8) grassy
9) separate
10) ensure
11) resting
12) staying
13) newly
14) check
15) flight
16) expectations
17) forward
18) wait
19) stood
20) close
21) approached
22) employee
23) reached
24) felt
25) left
26) ruined
27) board
28) delay
29) habits
30) astonishes
31) degree
32) sheer
33) convenience
34) decision
35) formation
36) extent
37) likely
38) less
39) close

40) attention
41) activity
42) make
43) next
44) sorting
45) procrastinating
46) chore
47) staying
48) distant
49) tools
50) touch
51) common
52) inner
53) beliefs
54) drive
55) external
56) attracted
57) socialize
58) favor
59) buy
60) predict
61) public
62) reflects
63) think
64) related
65) remarkable
66) arrow
67) point
68) reverse
69) taught
70) think
71) acting
72) act
73) thinking
74) silence
75) daily
76) Challenge
77) absolutely
78) observed
79) treat
80) waiting
81) turn
82) miss
83) said
84) rehearsing
85) utterance
86) eliminate
87) available
88) opening
89) express
90) limited
91) listen
92) differently
93) attend
94) word
95) attuned
96) respond
97) less
98) more
99) accumulating
100) observations
101) physical
102) alone
103) act
104) on
105) solve
106) regular
107) risk
108) nothing
109) unless
110) actually
111) hard
112) part
113) easy
114) routine
115) harder
116) take

117) knowledge
118) use
119) action
120) knowledge
121) logical
122) objective
123) rational
124) accurate
125) judgment
126) agree
127) opposite
128) case
129) different
130) experience
131) desires
132) knowledge
133) realistic
134) match
135) impossible
136) interpretation
137) nations
138) other
139) criticize
140) referees
141) infractions
142) commits
143) believes
144) biased
145) against
146) selected
147) recorded
148) highest
149) reaching
150) largest
151) among
152) jump
153) higher
154) whereas
155) fell
156) behind
157) times
158) that
159) recorded
160) both
161) early
162) interested
163) spent
164) outdoors
165) partially
166) reduced
167) sight
168) study
169) observe
170) distance
171) concentrated
172) creatures
173) close
174) transferred
175) received
176) recognize
177) field
178) awarded
179) modern
180) experts
181) insight
182) flexible
183) domain
184) interconnected
185) thinkers
186) exceptionally
187) specific
188) generalists
189) bunch
190) expertise
191) topic
192) organized
193) coherent

194) frameworks
195) interrelationship
196) distinguish
197) ideas
198) central
199) organized
200) flexibility
201) facilitates
202) application
203) contexts
204) natural
205) happenings
206) explanations
207) occurred
208) reasoning
209) misconceptions
210) fallacy
211) argument
212) causal
213) relationship
214) merely
215) together
216) rates
217) neighborhoods
218) immigrants
219) numerous
220) co
221) cause
222) analysis
223) revealed
224) forced
225) already
226) afford
227) expensive
228) safer
229) committed
230) few
231) Unless
232) misinterpret
233) relationship
234) faulty
235) previous
236) predict
237) attention
238) environments
239) expectations
240) profoundly
241) wandering
242) native
243) relates
244) poorly
245) tasks
246) trained
247) childhood
248) hardly
249) detect
250) subtle
251) tracks
252) leave
253) exists
254) tear
255) shelters
256) ease
257) ability
258) pay
259) tested
260) perform
261) tremendous
262) launching
263) mistake
264) overpricing
265) care
266) ownership
267) distorts
268) perception
269) causes
270) quick

271) initial
272) high
273) willing
274) drop
275) attractive
276) costly
277) failure
278) business
279) launch
280) priority
281) sufficient
282) adoption
283) soon
284) sacrifice
285) prices
286) profits
287) achieve
288) aim
289) strong
290) volumes
291) increase
292) maximize
293) small
294) species
295) evolved
296) strategy
297) investing
298) reproduce
299) slowly
300) mature
301) leisurely
302) pace
303) bodies
304) few
305) devote
306) raising
307) unusual
308) succeeds
309) produce
310) larger
311) offspring
312) survive
313) mother
314) litter
315) course
316) majority
317) young
318) until
319) birth
320) infant
321) make
322) parents
323) discovery
324) prove
325) hypothesis
326) themselves
327) alone
328) consider
329) derive
330) theories
331) publish
332) results
333) available
334) inspection
335) reconsider
336) refute
337) possible
338) construct
339) perform
340) experiments
341) whole
342) end
343) knowing
344) spread
345) widely
346) limited
347) strict

348) depends
349) other
350) folktales
351) recall
352) date
353) unfamiliar
354) remembered
355) familiar
356) errors
357) random
358) subjects
359) rewrote
360) least
361) facing
362) draw
363) schemata
364) stored
365) fill
366) gaps
367) imaginative
368) building
369) past
370) experiences
371) repeats
372) itself
373) records
374) ancient
375) expand
376) overextended
377) collapse
378) under
379) apart
380) era
381) case
382) archaeology
383) boring
384) suddenly
385) conquered
386) invaders
387) empires
388) chance
389) collapse
390) overexpansion
391) civilizations
392) oversimplification
393) pioneer
394) concept
395) continually
396) persevere
397) told
398) underperform
399) future
400) easier
401) avoid
402) evidence
403) fixed
404) praised
405) effort
406) led
407) success
408) continue
409) try
410) improve
411) achieve
412) tougher
413) themselves
414) Emphasizing
415) variable
416) control
417) monitor
418) surroundings
419) outside
420) marks
421) specific
422) feeling
423) emerged
424) behavior

425) why
426) where
427) factors
428) shape
429) navigated
430) space
431) situations
432) plant
433) close
434) convenience
435) exit
436) abstract
437) sensation
438) desire
439) uncomfortable
440) accidentally
441) seated
442) real
443) influence
444) mammals
445) nerve
446) trigger
447) facial
448) region
449) out
450) no
451) sink
452) rest
453) dry
454) triggered
455) automatically
456) closes
457) airway
458) risk
459) swallowing
460) narrows
461) airpassages
462) rate
463) slowed
464) shunted
465) vital
466) protecting
467) brief
468) breathing
469) found
470) below
471) surface
472) panic
473) race
474) drown
475) assumption
476) bias
477) communicate
478) listening
479) reading
480) automatic
481) telling
482) truth
483) fine
484) located
485) safely
486) lie
487) responses
488) difficult
489) converse
490) false
491) questioning
492) statement
493) believe
494) additional
495) steps
496) cognitive
497) expend
498) effort
499) necessary
500) given
501) fake

502) default
503) first
504) Paying
505) fundamentally
506) spend
507) altering
508) calculus
509) financial
510) cash
511) purchase
512) loss
513) lighter
514) abstract
515) downside
516) reduces
517) activity
518) region
519) negative
520) nature
521) ensures
522) anesthetized
523) pain
524) Spending
525) more
526) organized
527) sealed
528) auction
529) participants
530) informed
531) cash
532) other
533) averaged
534) different
535) turns
536) high
537) careless
538) need
539) limit
540) expenses
541) shone
542) towards
543) interview
544) reaching
545) noticed
546) darkened
547) sank
548) stepped
549) finished
550) panic
551) show
552) soaked
553) nearby
554) search
555) approached
556) Take
557) extra
558) tied
559) touched
560) hurried
561) arriving
562) comfortable
563) performed
564) impressed
565) offered
566) position
567) Throughout
568) gesture
569) Cover
570) supporting
571) sales
572) framed
573) reminder
574) kind
575) change
576) kindness
577) stranger
578) shaped

579) path
580) sure
581) continued

1. [정답] ②
2. [정답] ⑤
3. [정답] ④
4. [정답] ⑤
5. [정답] ②
6. [정답] ⑤
7. [정답] ⑤
8. [정답] ④
9. [정답] ③
10. [정답] ②
11. [정답] ⑤
12. [정답] ③
13. [정답] ③
14. [정답] ④
15. [정답] ⑤
16. [정답] ①
17. [정답] ③
18. [정답] ④
19. [정답] ⑤
20. [정답] ④
21. [정답] ⑤
22. [정답] ④

1. [정답] (A)-(C)-(B)
2. [정답] (B)-(C)-(A)
3. [정답] (C)-(A)-(B)
4. [정답] (C)-(B)-(A)
5. [정답] (B)-(C)-(A)
6. [정답] (A)-(C)-(B)
7. [정답] (B)-(A)-(C)
8. [정답] (A)-(C)-(B)
9. [정답] (C)-(A)-(B)
10. [정답] (B)-(C)-(A)
11. [정답] (B)-(A)-(C)
12. [정답] (C)-(B)-(A)
13. [정답] (C)-(A)-(B)
14. [정답] (C)-(B)-(A)
15. [정답] (A)-(C)-(B)
16. [정답] (B)-(C)-(A)
17. [정답] (C)-(B)-(A)
18. [정답] (B)-(A)-(C)
19. [정답] (B)-(C)-(A)
20. [정답] (B)-(A)-(C)
21. [정답] (C)-(B)-(A)
22. [정답] (A)-(C)-(B)

1. [정답 및 해설] ④

ⓒ destroyed => designed

ⓓ threatening => enjoyable

ⓘ strict => cool

2. [정답 및 해설] ②

ⓒ felt => feel

ⓔ something => nothing

3. [정답 및 해설] ③

ⓒ ignored => required

ⓕ conveniently => convenient

ⓘ very => much

4. [정답 및 해설] ⑤

ⓒ inner => external

ⓓ distracted => attracted

5. [정답 및 해설] ③

ⓙ indifferent => attuned

ⓛ speak => hear

6. [정답 및 해설] ③

ⓒ what => that

ⓞ knowledge => action

7. [정답 및 해설] ③

ⓐ inaccurate => accurate
ⓗ mismatch => match

8. [정답 및 해설] ③
ⓒ between => among
ⓕ those => that

9. [정답 및 해설] ③
ⓔ deny => recognize
ⓘ was died => died

10. [정답 및 해설] ①
ⓐ general => particular
ⓔ specialists => generalists

11. [정답 및 해설] ②
ⓔ casual => causal
ⓗ consequence => cause
ⓝ destroy => construct

12. [정답 및 해설] ①
ⓑ similar => different
ⓓ trained => been trained

13. [정답 및 해설] ②
ⓚ limited => sufficient
ⓝ minimize => maximize

14. [정답 및 해설] ①
ⓒ many => few
ⓔ fails => succeeds
ⓕ survives => survive

15. [정답 및 해설] ③
ⓑ ignore => consider
ⓔ retrospection => inspection
ⓗ known => knowing

16. [정답 및 해설] ①
ⓕ familiarities => problems
ⓗ objective => imaginative

17. [정답 및 해설] ①
ⓑ rarely => again
ⓘ innovation => overexpansion

18. [정답 및 해설] ②
ⓔ harder => easier
ⓖ addition => contrast
ⓙ ignore => achieve

19. [정답 및 해설] ②
ⓑ general => specific
ⓖ ignored => examined
ⓙ concrete => abstract

20. [정답 및 해설] ④
ⓔ double => half
ⓘ swim => drown

21. [정답 및 해설] ③
ⓓ tell => lie
ⓗ physical => mental
ⓘ rare => fake

22. [정답 및 해설] ⑤
ⓖ positive => negative
ⓚ half => twice

23. [정답 및 해설] ④
ⓐ away from => towards
ⓘ frown => smile

1. [정답 및 해설]
③ destroyed ➜ designed
④ threatening ➜ enjoyable
⑤ or ➜ and
⑥ is ➜ are
⑦ which ➜ where

2. [정답 및 해설]
① low ➜ high
③ felt ➜ feel
④ distant ➜ close
⑦ something ➜ nothing
⑪ nightmare ➜ dream

3. [정답 및 해설]
② what ➜ which
④ conveniently ➜ convenient
⑤ put ➜ Putting
⑦ started ➜ stopped
⑧ deny ➜ report

4. [정답 및 해설]
② external ➜ inner
⑤ ignore ➜ favor
⑥ mask ➜ predict
⑦ act ➜ think
⑪ avoid ➜ think

5. [정답 및 해설]
① you ➜ yourself
④ ignored ➜ observed
⑥ forgetting ➜ rehearsing
⑧ encouraged ➜ limited
⑨ sent ➜ heard

6. [정답 및 해설]
① observances ➜ observations
⑥ useless ➜ interesting
⑩ read ➜ Reading
⑪ demanding ➜ easy
⑫ simpler ➜ harder

7. [정답 및 해설]
① inaccurate ➜ accurate
⑥ unrealistic ➜ realistic
⑦ which ➜ that
⑧ mismatch ➜ match
⑪ fair ➜ biased

8. [정답 및 해설]
② reachihng into ➜ reaching
③ between ➜ among
④ has ➜ had
⑤ fall ➜ fell
⑥ those ➜ that

9. [정답 및 해설]
① interesting ➜ interested
② blind ➜ blinded
⑤ deny ➜ recognize
⑥ denied ➜ awarded

⑦ knowing ➜ known

10. [정답 및 해설]
④ having ➜ have
⑤ specialists ➜ generalists
⑥ having had ➜ having
⑩ shallow ➜ deep
⑪ distracted ➜ organized

11. [정답 및 해설]
⑤ casual ➜ causal
⑦ which ➜ where
⑧ consequence ➜ cause
⑨ careless ➜ careful
⑭ destroy ➜ construct

12. [정답 및 해설]
① reject ➜ predict
⑥ obvious ➜ subtle
⑧ is existed ➜ exists
⑩ was ➜ Were
⑫ would have performed ➜ would perform

13. [정답 및 해설]
② discounting ➜ overpricing
⑤ undermine ➜ overprice
⑥ low ➜ high
⑩ success ➜ failure
⑬ weak ➜ strong

14. [정답 및 해설]
④ raise ➜ raising
⑥ survives ➜ survive
⑦ was ➜ is
⑧ month ➜ months
⑪ makes ➜ make

15. [정답 및 해설]
① together ➜ alone
⑤ retrospection ➜ inspection
⑦ destruct ➜ construct
⑧ known ➜ knowing
⑫ depend ➜ depends

16. [정답 및 해설]
① remind ➜ recall
② similar ➜ familiar
③ frequent ➜ random
⑤ most ➜ least
⑧ objective ➜ imaginative

17. [정답 및 해설]
① ignores ➜ repeats
② rarely ➜ again
④ where ➜ which
⑦ exciting ➜ boring
⑧ gradually ➜ suddenly

18. [정답 및 해설]
② hesitate ➜ persevere
③ which ➜ that
④ outperform ➜ underperform
⑥ which ➜ that
⑩ ignore ➜ achieve

19. [정답 및 해설]

⑤ on which ➜ where
⑥ at which ➜ where
⑧ exclude d ➜ involved
⑩ concrete ➜ abstract
⑪ comfortable ➜ uncomfortable

20. [정답 및 해설]
① ignore ➜ trigger
② out of ➜ under
③ delayed ➜ triggered
④ spitting ➜ swallowing
⑦ finds ➜ found

21. [정답 및 해설]
② compete ➜ communicate
③ hiding ➜ telling
④ tell ➜ lie
⑦ question ➜ questioning
⑩ rare ➜ fake

22. [정답 및 해설]
① cash ➜ plastic
③ gain ➜ loss
⑩ split ➜ averaged
⑫ careful ➜ careless
⑬ expand ➜ limit

23. [정답 및 해설]
④ to shop ➜ shopping
⑤ rise ➜ fall
⑧ approached to ➜ approached
⑩ sunny ➜ rainy
⑫ avoiding ➜ supporting

1. 설계되다 - designed // 제공하다 - provide // 멋진 - wonderful

2. ⓐ
making ⇨ make
commodity ⇨ community
to open ⇨ opened

3. (가) We have separate spaces for small dogs and big dogs, to ensure safety.

4. 기다리다 - waited // 방문하다 - visit // 접근하다 - approached // 직원 - employee // 망친 - ruined // 탑승하다 - board // 연기하다 - delay

5. ⓐ
standing ⇨ stood
to feel ⇨ feel
far ⇨ close

6. (가) Her expectations about her European backpacking trip were really high.

7. 놀라게하다 - surprises // 요구하는 - required // 형성 - formation // 놀라운 - remarkable // 분류 - sorting // 미루는 것 - procrastinating // 먼 - distant

8. ⓐ
what ⇨ that
in ⇨ to
influencing ⇨ influenced

9. (가) For this reason, we should pay close attention to the convenience of any activity we want to make into a habit.

10. 신념 - beliefs // 외적인 - external // 치약 - toothpaste // 놀라운 - remarkable // 화살 - arrow // 반대의 - reverse

11. ⓐ
external ⇨ internal
to predict ⇨ predict

private ⇨ public
reflecting ⇨ reflects

12. (가) If you're attracted to a certain person, you should be more likely to socialize with that person.

13. 정신 - spirit // 서약 - vow // 온종일 - entire // 반드시 - absolutely // 머릿속으로 - mentally // 발언 - utterance // 제거하다 - eliminate // 표현하다 - express // 매우 - quite // 집중하다 - attend // 맞추다 - attuned

14. ⓐ
narrowly ⇨ widely
being ⇨ been
rarely ⇨ often
waited ⇨ waiting

15. (가) You might discover that the less you say, the more you hear.

16. 단독으로 - alone // 해결하다 - solves // 낮추다 - lower // 위험 - risk // 규칙적인 - regular // 지식 - knowledge // 부족 - lack

17. ⓐ
Known ⇨ Knowing
everything ⇨ nothing
acting ⇨ act

18. (가) Science is concerned with accumulating and understanding observations of the physical world.

19. 논리적인 - logical // 객관적인 - objective // 합리적인 - rational // 정확한 - accurate // 분석 - analysis // 논리적인 - logical // 객관적인 - objective // 합리적인 - rational // 반대 - opposite // 욕망 - desires // 국가 - nations // 비판하다 - criticize // 심판 - referees // 반칙 - infractions // 편파적인 - biased

20. ⓐ
thought ⇨ think
what ⇨ that
matched ⇨ match
possible ⇨ impossible

21. (가) It's only your interpretation of reality, which will always be different from someone else's.

22. 위의 - above // 소매 - retail // 선정된 - selected // 기록했다 - recorded // 소매 - retail // 뒤의 - behind // 배 - times

23. ⓐ
showing ⇨ showed
sharing ⇨ share
counties ⇨ countries

24. (가) Among the five countries, Italy recorded the lowest online share of retail trade in both 2018 and 2019.

25. 부분적으로 - partially // 낚시 - fishing // 좁아진 - reduced // 시야 - sight // 관찰하다 - observe // 거리 - distance // 집중했다 - concentrated // 받다 - received // 분야 - field // 수상하다 - awarded

26. ⓐ
to study ⇨ studying
what ⇨ where
to become ⇨ became

27. (가) In his early childhood, he became interested in nature and spent much time in the outdoors.

28. 제공하다 - provide // 통찰력 - insight // 특정한 - particular // 분야 - domain // 상호 연결된 - interconnected // 가능하게 하다 - allows // 유연성 - flexibility // 촉진하다 - facilitates // 적용 - application // 다양한 - multiple // 맥락 - contexts

29. ⓐ
mean ⇨ means
organizing ⇨ organized
understanding ⇨ understands
where ⇨ which

30. (가) They are not just good thinkers or people who are exceptionally smart.

31. 당연한 - natural // 관찰하다 - observe // 설명 - explanations // 추론 - reasoning // 오해 - misconceptions // 범죄 - crime // 인근 - neighborhoods // 이민자 - immigrants // 이민자 - immigrants // 분석 - analysis // 밝히다 - revealed // 강요된 - forced // 감당하다 - afford // 저지르다 - committed

32. ⓐ
being ⇨ is
to claim ⇨ claims
occurs ⇨ occur

33. (가) Unless you analyze the claim carefully, you would misinterpret the relationship and thereby construct a faulty belief.

34. 이전의 - previous // 환경 - environments // 기대 - expectations // 깊이 있게 - profoundly // 수행하다 - perform // 유년기 - childhood // 곤충 - insects // 짓다 - build // 능력 - ability

35. ⓐ
detach ⇨ detect
followed ⇨ following
prey ⇨ predator

36. (가) He describes an adventure wandering through the New Guinea jungle with native New Guineans.

37. 기업가 - entrepreneurs // 엄청난 - tremendous // 깨닫다 - realize // 초기의 - initial // 매력적인 - attractive // 우선순위 - priority // 충분한 - sufficient // 점유 - adoption // 수익 - profits // 달성하다 - achieve // 극대화하다 - maximize

38. ⓐ
creating ⇨ created
to distort ⇨ distorts
caused ⇨ causes
underprice ⇨ overprice

39. (가) And this can be a very costly mistake that may lead to the failure of their new business.

40. 성숙하다 - mature // 천천히 - leisurely // 투자하다 - devote // 새끼 - pups // 대략 - approximately // 대다수 - majority // 번식하다 - reproduce // 새끼 - infant // 새끼 - offspring

41. ⓐ
big ⇨ small
what ⇨ that
invest ⇨ investing
produce ⇨ reproduce

42. (가) This unusual strategy succeeds because while apes and elephants produce fewer babies than mice, a larger percentage of their offspring survive to then reproduce.

43. 발견 - discovery // 증명하다 - prove // 도출하다 - derive // 이론 - theories // 재고하다 - reconsider // 반박하다 - refute // 가정 - assumption // 제한된 - limited

44. ⓐ
to make ⇨ makes
others ⇨ other
construction ⇨ construct

45. (가) Instead, they publish their results and make their data available for inspection.

46. 민간설화 - folktales // 생각해내다 - recall // 오류 - errors // 기억 - memory // 결론짓다 - concluded // 지식 - knowledge // 사소한 - minor // 틈 - gaps

47. ⓐ
rewriting ⇨ rewrote
what ⇨ that
most ⇨ least

48. (가) Therefore, remembering is an imaginative process that involves building upon past experiences.

49. 반복하다 - repeats // 기록 - records // 고대의 - ancient // 고고학 - archaeology // 정복하다 - conquered // 침입자 - invaders // 지나친

단순화 - oversimplification

50. ⓐ
expend ⇨ expand
than ⇨ then
gone ⇨ went
then ⇨ than

51. (가) Those empires never had the chance to collapse as a result of overexpansion.

52. 국제적으로 - internationally // 선구자 - pioneer // 인내하다 - persevere // 노력 - effort // 향상하다 - improve // 달성하다 - achieve // 변수 - variable

53. ⓐ
finding ⇨ found
perform ⇨ underperform
avoiding ⇨ avoid
had ⇨ having
praise ⇨ praised
that ⇨ what

54. (가) These kids end up taking on tougher things, and feel better about themselves.

55. 살피다 - monitor // 어쩌면 - perhaps // 구체적인 - specific // 포함하는 - involved // 부분적으로 - Partly // 명확한 - obvious // 편리성 - convenience // 추상적인 - abstract // 느낌 - sensation // 욕구 - desire // 앉아있는 - seated // 영향을 미치다 - influence

56. ⓐ
understood ⇨ understand
what ⇨ where
examining ⇨ examined
to use ⇨ used

57. (가) An interesting example emerged from a study of subway passenger behavior.

58. 해양의 - marine // 잠수하다 - sink // 옆으로 보내지다 - shunted // 중요한 - vital // 장기 - organs // 잠시 - brief

59. ⓐ
what ⇨ that
to trigger ⇨ trigger
during ⇨ when

60. (가) It automatically closes down the airway, reducing the risk of swallowing water, and it narrows the small airpassages in the lungs.

61. 자동적인 - automatic // 가정 - assumption // 이야기하다 - converse // 진술 - statement // 정신적인 - mental // 구두쇠 - misers // 보편적으로 - typically // 들이다 - expend // 필요한 - necessary // 주어진 - given // 기본값 - default

62. ⓐ
to ask ⇨ ask
locates ⇨ located
dangerously ⇨ safely

63. (가) There is a natural assumption of truth, or a truth bias when humans communicate with one another.

64. 근본적으로 - fundamentally // 바꾸는 - altering // 계산법 - calculus // 재정적 - financial // 구매하다 - purchase // 추상적 - abstract // 보여주다 - suggest // 실제로 - actually // 관련된 - associated // 부정적인 - negative // 신경경제학자 - neuroeconomist // 보장하다 - ensures // 마비시키다 - anesthetized // 통증 - pain // 경영학 - business // 봉인 - sealedbid // 알린 - informed // 억제하다 - limit

65. ⓐ
feeling ⇨ feel
to spend ⇨ spend

66. (가) It turns out that the average credit card bid was twice as high as the average cash bid.

67. 퇴직한 - retired // 알아채다 - noticed // 갑자기 - suddenly // 다가오다 - approached // 감동한 - touched // 도착한 - arriving // 감명받은 -

impressed // 지지하는 - supporting // 상기시키는 것 - reminder

68. ⓐ
looking ⇨ looked
bought ⇨ buy
searched ⇨ search

69. (가) She donated half of the money from ticket sales to families who lost their homes to natural disasters.

내신 완벽 대비
변형 문제집 **잉글리쉬 마이갓**

변형 문제 더 보기